Bernd Ingmar Gutberlet

Ganz Berlin in 7 Tagen

Bernd Ingmar Gutberlet

GANZ BERLIN IN 7 TAGEN

Ein Zeitreiseführer in die Kaiserzeit

Die Deutsche Nationalbibliothek verzeichnet diese Publikation in der Deutschen Nationalbibliografie; detaillierte bibliografische Daten sind im Internet über http://dnb.d-nb.de abrufbar.

Gedruckt auf säurefreiem und alterungsbeständigem Papier
Einbandgestaltung: Jutta Schneider, Frankfurt a. M.
Einbandabbildung: Bildpostkarte von 1905, „Dom mit Spree"
Foto: akg-images / Erich Lessing
Vorsatzkarte und Ausschnittkarten: Peter Palm, Berlin
Abbildungen im Buch: Paul Albert: Berlin, Potsdam und Charlottenburg, o. J.; Udo Christoffel (Hg.): Berlin in Bildpostkarten, Berlin 1987; Friedrich F. A. Kunze: Das Alte Berlin, Berlin und Leipzig 1938; Henry F. Urban u. a.: Berliner Bilder, Berlin 1914; o. N.: Album von Berlin, Berlin (um 1910)
Layout: Petra Bachmann, Weinheim
Gestaltung und Satz: Hagedorn Kommunikation, Viernheim
Redaktion: Volker Daiber
Printed in Germany
www.primusverlag.de
ISBN 978-3-86312-023-8

Lizenzausgabe für die WBG (Wissenschaftliche Buchgesellschaft), Darmstadt
Einbandgestaltung der WBG-Lizenzausgabe: Peter Lohse, Heppenheim
Einbandabbildung der WBG-Lizenzausgabe: Schiffe an der Spree vor dem Berliner Dom. Bild: © National Geographic Society/Corbis

www.wbg-wissenverbindet.de
ISBN 978-3-534-00013-5

Elektronisch sind folgende Ausgaben erhältlich:
eBook (PDF): ISBN 978-3-86312-890-6
eBook (epub): ISBN 978-3-86312-891-3

eBook (PDF): ISBN 978-3-534-26189-5 (für Mitglieder der WBG)
eBook (epub): ISBN 978-3-534-26190-1 (für Mitglieder der WBG)

INHALT

ZU DIESEM BUCH

Dieser Stadtführer nimmt Sie mit auf eine Zeitreise ins Berlin der Kaiserzeit nach 1900, in die wilhelminische Hauptstadt des Deutschen Reiches in den Jahren vor dem Ersten Weltkrieg. Das kraftstrotzende Deutsche Reich präsentierte damals mit großem Stolz seine Kapitale: Vom Glanz des kaiserlichen Hofes bis zu den technischen Errungenschaften einer modernen Großstadt, von den pompösen Prachtbauten des Wilhelminismus bis zu den exklusiven Villenkolonien des Umlandes, vom mittelalterlichen und barocken Erbe bis zu den Boten der Moderne – stets konnte mit Superlativen aufgewartet werden, stets wurde auf die Einzigartigkeit verwiesen, die keineswegs immer gegeben war. Aber Berlin war in die erste Liga der Weltmetropolen aufgestiegen, hatte ein rasantes Wachstum hingelegt – und war dabei noch gar nicht die ausgedehnte Stadtlandschaft, wie wir sie heute kennen. 1920 erst sollte die Stadt vergrößert werden und damit fast all das umfassen, was heute zu Berlin gehört. Um 1910 aber gab es auf diesem Gebiet insgesamt acht unabhängige Städte sowie Dutzende Gemeinden, Dörfer und Gutsbezirke. Längst hatte die stürmische Entwicklung in den Jahrzehnten zuvor, im Gefolge von Industrialisierung und Reichsgründung, diesen Großraum immer mehr zusammenwachsen lassen, sodass es nur noch eine Frage der Zeit war, bis Berlin sich sein Umland einverleiben würde.

Mit der Reichsgründung war aus der preußischen Hauptstadt die des Deutschen Reiches geworden, war der preußische König zum Deutschen Kaiser aufgestiegen, war aus einer unter vielen deutschen Hauptstädten eine europäische Metropole geworden. Ob Kunst und Kultur, ob Politik, Wirtschaft oder Technologie – Berlin gab jetzt in Deutschland den Ton an. In einem vielstimmigen und vielfältigen Land wie Deutschland wurde das ähnlich kritisch gesehen wie die preußische Dominanz über das Deutsche Reich – zu Recht, wie die Geschichte erweisen sollte. Einstweilen aber führte an Berlin kein Weg vorbei, und die Stadt wollte sich nicht mehr mit München, Dresden oder Hamburg messen lassen, sondern mit London, Paris und Wien.

In diesem Zeitreiseführer weisen zwölf Spaziergänge den Weg in das wilhelminische Berlin: Das historische Stadtzentrum führt die Stadtentwicklung vor und illustriert, welche Eingriffe die alte Stadt über sich ergehen lassen muss. Im späteren Bezirk Prenzlauer Berg bildet sich das rasante Wachstum ab, mit dem Berlin über seine alten Mauern hinausgreift. Vier Spaziergänge führen ins herrschaftliche und politische Berlin, aber auch in Museen, Kirchen und die berühmten Kaufhäuser. Das schon damals legendäre Nachtleben fehlt ebenso wenig wie die „Tempo-Hauptstadt" Berlin. Außerdem führen drei Ausflüge in die „ewige Zweite" Charlottenburg, in Villenkolonien im Grünen sowie in die Ausflugsgebiete des Südwestens an Havel und Wannsee.

Diese Zeitreise ist virtuell, denn die Zeitmaschine eines H. G. Wells steht uns nicht zur Verfügung. Und trotzdem reisen wir ins Berlin des Jahres 1910 und können dabei einige Authentizität versprechen. Natürlich ist Berlin im Besonderen eine Stadt, deren bauliches Erbe nur sehr lückenhaft erhalten ist. Selbst der städtische Grundriss ist an vielen Stellen nicht mehr der alte. Insofern mag die Einladung verwundern, sich heute in das Berlin der Kaiserzeit aufzumachen. Gleichzeitig ist das aber ein faszinierendes und unterhaltsames Unternehmen. Die ganz unterschiedlichen Spaziergänge lassen sich auch ein Jahrhundert später machen (an einigen Stellen allerdings mit kleinen Umwegen). Die beigefügten Stadtplan-Ausschnitte erleichtern die Orientierung angesichts veränderter Straßenführung und -benennung. Die Routen sind dabei so gewählt, dass möglichst viel Altes betrachtet werden kann, aber auch die Brüche und Veränderungen kenntlich werden. Die meisten der beschriebenen Sehenswürdigkeiten können Sie also noch heute in Augenschein nehmen, manche werden Sie im Stadtbild vermissen. Dann aber hilft die Vorstellung des Einstigen, das Heutige besser zu verstehen – und umgekehrt. Damit liefert diese Zeitreise auch wertvolle Einblicke in das Berlin der Gegenwart und erklärt Orte, die heute merkwürdig anmuten.

Beim Ablaufen der Spaziergänge wechseln sich also Alt und Neu zwar munter ab, aber die Kapiteltexte gewähren einen Einblick in das Berlin der Kaiserzeit. Dabei drängen sich Parallelen zum Berlin des frühen 21. Jahrhunderts immer wieder auf, denn die derzeitige Boom-Phase Berlins ist bei Weitem nicht die erste. 1910 – in eben dem Jahr, in das uns unsere Zeitreise führt – schrieb der Kunstkritiker Karl Scheffler ein Buch über Berlin, das er mit einer berühmt gewordenen Aussage beschloss, derzufolge die Stadt dazu verdammt sei, immerfort zu werden, aber niemals zu sein. Verdammt oder gesegnet – Berlin ist immer in Bewegung und häutet sich immer wieder, 1910 kaum weniger als 2013.

DIE REICHSHAUPTSTADT BERLIN

Besuchen Sie die Reichshauptstadt! Besuchen Sie die preußische Residenz, die Industriemetropole, die Kulturstadt von europäischem Rang. Lernen Sie die Orte kennen, an denen sich Könige architektonisch verewigten, wo Politiker die Geschicke des Landes bestimmen, wo Millionäre standesgemäß logieren, wo Nachtschwärmer jedweder Couleur das „Amüsemang" suchen. Entdecken Sie Geschichte und Entwicklung einer Stadt, die sich immer wieder neu erfand, die ihre Grenzen bereits gesprengt hat und über sie hinauswuchert.

Berlin fasziniert. Seitdem mit der Reichsgründung von 1871 zum ersten Mal ein deutscher Nationalstaat geschaffen und Berlin zu seiner Hauptstadt erkoren wurde, gibt es kaum einen Aspekt des Stadtlebens, der nicht von der rasanten Entwicklung beeinflusst worden wäre. Berlin ist eine der am schnellsten wachsenden Großstädte und hat sich innerhalb von Jahrzehnten zur reichsweit führenden Metropole in Sachen Wirtschaft, Technologie, Finanzwesen und Kultur entwickelt. Von hier gehen Impulse aus, und was immer Kultur und Technik an Errungenschaften hervorbringen, hier muss es sich zuerst bewähren.

Die vergangenen Jahrzehnte haben Berlin grundlegend verändert. Noch ist die alte Stadt vorhanden, aber der Umbau zum Zentrum von Macht, Wirtschaft und Kultur ist im vollen Gange. Berlinbesucher sehen sich mit einer Vielzahl an Baustellen konfrontiert, und wer nach wenigen Jahren die Stadt erneut besucht, findet sie verändert vor. Weit vorangeschritten ist insbesondere der Wandel der preußischen Königs- zur reichsdeutschen Kaiserstadt: Kaiser Wilhelm II. legt größten Wert darauf, die gestiegene Bedeutung der Hohenzollern-Dynastie mit prächtigen, mitunter pompösen Bauwerken zu unterstreichen. Das liegt einerseits auf der Hand: Eine europäische Macht wie das Deutsche Reich muss der Welt ihre Bedeutung nicht zuletzt mit dem Aussehen ihrer Hauptstadt vermitteln. Zweifelhaft aber erscheint vielen Beobachtern, dass es dabei überaus konservativ zugeht: In den Augen des Kaisers führt eine direkte Linie von der Ankunft seiner Vorfahren im Berlin des frühen 15. Jahrhunderts bis zur Vollendung ihrer Mission in der Erlangung der Kaiserwürde 1871. Ebenso erlebt das Militärische unter Wilhelm II. eine Aufwertung in der

Eine rasante Entwicklung

Zur Zeit der Revolution von 1848 lebten schon über 400 000 Menschen in Berlin, das bereits die Anfänge der Industrialisierung erlebte. Bis zur Reichsgründung 1871 stieg die Zahl auf das Doppelte. Seither wuchs die Einwohnerzahl weiter rapide – ein weiteres Mal um das Zweieinhalbfache. Heute, im Jahr 1910, hat Berlin über zwei Millionen Einwohner.
Dieser Zustrom nach Berlin, der einstweilen ungebrochen ist, stellt die Stadt vor enorme Probleme, denn sie platzt aus allen Nähten. Zwar wuchs Berlin über seine barocken Stadtgrenzen hinaus, und es gibt in allen Himmelsrichtungen neue Wohn- und Industriequartiere. Der Zugewinn an Fläche aber steht in keinem Verhältnis zum Zuwachs an Menschen. Gleichzeitig verdrängt die Geschäftsmetropole die angestammter Bewohnerschaft aus den alten Innenstadtbezirken (Altberlin), deren Wohnquartiere repräsentativen Geschäftsbauten weichen müssen, ohne dass eine verantwortliche Wohnungsbaupolitik ausreichend neuen Wohnraum schaffen würde.

Stadt: Zwar gehörten in der Garnison Soldaten immer zum Alltagsbild, aber derart in Szene gesetzt wurde das Militär zuvor nicht. Berlin ist aber nicht nur Kaiserstadt, sondern auch eine moderne Industriestadt mit einem steigenden Anteil an Arbeitern – und bei allem Glanz und Gloria auch eine Stadt mit viel Armut und jämmerlichen Zuständen. Wer seine Augen nicht davor verschließt, wird auch diese Facette einer Industriestadt erleben können.

Berlin sprengt seine Grenzen, und das Umland wächst der Stadt unaufhaltsam entgegen. Der Tiergarten beispielsweise, der beliebte große Park gleich vor den Toren der Stadt, wird immer kleiner, weil seine Ränder von der Siedlungsentwicklung angefressen werden. Charlottenburg wächst in Richtung Berlin, aber auch Berlin wächst in Richtung Westen. Die Stadtgemeinde Schöneberg südwestlich von Berlin grenzt bereits unmittelbar an die Hauptstadt – noch vor einigen Jahrzehnten lagen dazwischen Äcker und Spargelfelder. Es ist wohl unumgänglich, dass in absehbarer Zeit Berlin sein Umland schlucken wird, um als großstädtischer Ballungsraum einigermaßen vernünftig und nach Plan weiterwachsen zu können.

Einstweilen aber ist Berlin die am dichtesten besiedelte Stadt der Welt, und das machte enorme Anstrengungen nötig, um die Stadt als lebendigen

Organismus nicht kollabieren zu lassen. In dieser Beziehung ist in den vergangenen Jahrzehnten viel passiert. Ob Trinkwasserversorgung oder Entwässerung, ob Volksbadeanstalten oder Markthallen, ob Zentralschlachthof oder Krankenhäuser: in Sachen Stadttechnik und -gesundheit müht sich Berlin, mit modernsten Mitteln die Probleme des rasanten Wachstums aufzufangen.

Größte Herausforderung ist dabei der Verkehr, zumal im Ballungsraum Berlin und Umland Mobilität immer wichtiger wird und die Wege immer länger. Mit der Ring- und der Stadtbahn wurde schon früh ein Anfang gemacht, um dem dichten, gleichwohl überlasteten Straßenbahnnetz ein weiteres Verkehrsmittel zur Seite zu stellen. Mit der Elektrifizierung der Straßenbahn konnte ihre Leistungsfähigkeit erhöht werden, ebenso mit der Einführung von Automobil-Omnibussen. Derzeit kommt mit der Untergrundbahn ein weiteres Verkehrsmittel hinzu, dessen Bedeutung für die Stadt kaum überschätzt werden kann. Zwar ist bisher nur die „Stammstrecke" zwischen Warschauer Brücke und Reichskanzlerplatz verfügbar, die mit dem Abzweig der „Centrumslinie" ein Stück ins Stadtzentrum hineinfährt. In den kommenden Jahren sollen weitere Linien folgen, die geplant, projektiert oder bereits in Bau sind, darunter vor allem die Verlängerung der Centrumslinie bis zum Alexanderplatz und weiter zum Nordring. Stets verfügbar sind aber Pferdedroschken, immer häufiger auch als Benzindroschken vorhanden.

Die Nöte einer so rasch wachsenden Metropole müssen den Berlinbesucher nicht anfechten – aber zum Verständnis der Stadt und ihrer Gesichter hilft ungemein, die jüngere Stadtgeschichte und ihre Auswirkungen zu kennen. Schließlich ist die Dynamik ein Teil der Faszination Berlins. Für den Touristen bedeutet das ein Mehr an Sehenswürdigkeiten und Ansichten, aber auch ein Plus an nützlicher Infrastruktur und Bequemlichkeit. Beispielsweise ist die Zahl der Hotels – und ihre Qualität! – enorm gestiegen, genau wie das allgemein kulturelle und das spezifisch touristische Angebot. An vielen Stellen der Stadt verkehren Doppeldecker-Omnibusse auf Stadtrundfahrt, hinzu kommen vom Hafen an der Jannowitzbrücke die beliebten Ausflugsdampfer, die die Stadt vom Wasser aus zeigen. Auch bieten zahlreiche Kutscher ihre Dienste für Touristen an und entpuppen sich nicht selten als begabte Alleinunterhalter. Die Gastronomie ist überaus vielfältig geworden, obwohl der Berliner kulinarisch eher anspruchslos ist. Längst haben sich aber verdiente Gastronomen aufgemacht, das Angebot zu verbessern, was Touristen zu schätzen wissen. Und das Angebot an kulturellen Veranstaltungen ist schier unübersehbar:

Neben den Museen und Theatern als Vertretern der Hochkultur gibt es eine Vielzahl an leichterer Unterhaltung bis hin zu deftiger Sensationskost. Die Berliner amüsieren sich für ihr Leben gern, davon profitiert auch der Berlinbesucher.

Überhaupt, die Berliner. Ihre „Schnauze“ ist sprichwörtlich, ihr robuster Charme nicht minder. Zartbesaitete Naturen fühlen sich schnell auf den Arm genommen, zurückgewiesen oder beleidigt, dabei ist die notorische Berliner Ruppigkeit keineswegs böse gemeint. Man sollte nur vorsichtig sein mit Kritik: Zwar sparen die Berliner selbst nicht mit Kritik an der eigenen Stadt: Auswärtigen aber gestehen sie das deswegen noch lange nicht zu. Vielen Berlinern ist Berlin der Nabel der Welt und sind andere Orte als Lebensraum mindestens zweifelhaft. Das mag an der so rasch gestiegenen Bedeutung der Stadt liegen, vielleicht aber auch daran, dass die Berliner zumeist wenig anderes kennen als ihre Stadt. Wozu auch? Schließlich kommt alle Welt hierher, das muss ja einen Grund haben. Noch dazu bleiben viele hier, was auch wiederum nicht jedem recht ist. Zwar ist seit dem Mittelalter stets ein beträchtlicher Teil der Berliner zugewandert, das aber sehen viele Berliner anders. Erst nach vielen Generationen wird man als echter Berliner akzeptiert.

Kommen Sie ruhig mit den Berlinern ins Gespräch, mag dem Verständnis mitunter auch der Dialekt entgegenstehen. Die Einheimischen werden nicht sofort redselig, aber sind sie erst einmal in Fahrt, kann man durch sie viel Authentisches in Erfahrung bringen. Berlin hat vielfältige Einblicke zu bieten – unsere zwölf Spaziergänge und Ausflüge ermöglichen ein breites Spektrum davon. Viel Vergnügen!

12 Spaziergänge

FÜR SIEBEN TAGE

BERLIN, CÖLLN, FRIEDRICHSWERDER

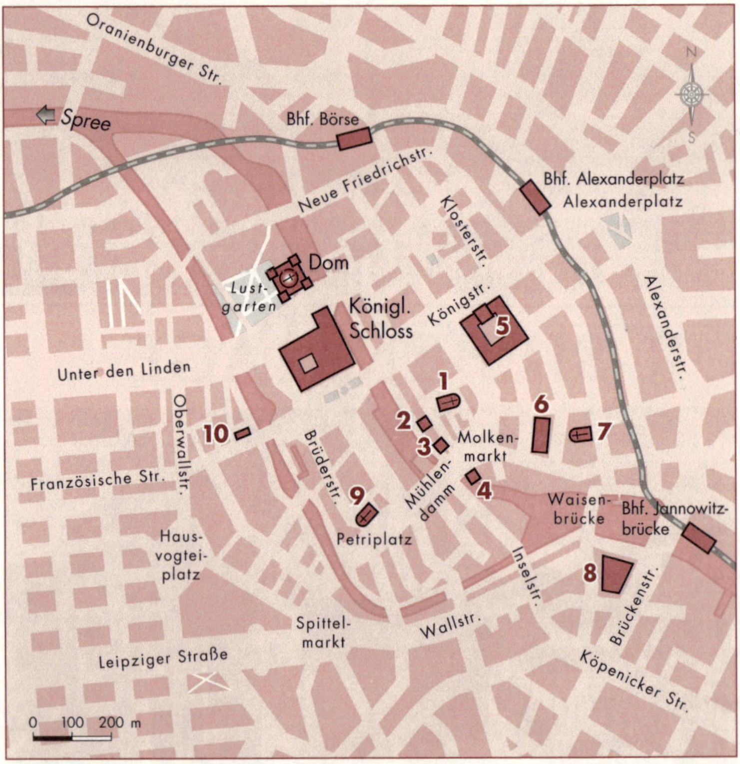

Der erste Spaziergang führt durch das mittelalterliche Berlin bis zum einstigen Festungswall des 17. Jahrhunderts – durch die beiden „Urstädte" Berlin und Cölln und die Neustadt Friedrichswerder. Alt und Neu stehen hier nebeneinander, aber das Neue ist im Begriff, das Alte zu ersetzen, weil das Geschäftszentrum der Reichshauptstadt sich auf Kosten der Bürgerstadt vergrößert.

Ein angemessener Startpunkt für einen Spaziergang durch das alte Berlin ist die Nikolaikirche, Berlins ältestes Gotteshaus |1|. Wann genau Berlin gegründet wurde, ist nicht bekannt, aber es war in den ersten Jahr-

Berlins ältestes Gotteshaus, die Nikolaikirche. Bis vor 30 Jahren war nur der rechte Turm ausgeführt.

zehnten des 13. Jahrhunderts, als man hier mit dem Bau einer Feldsteinkirche begann. Slawische Siedlungen gab es zwar in der Gegend, nicht aber hier im Grenzgebiet. Das nannte man wohl Altslawisch *brlno*, was den sumpfigen Charakter bezeichnete und vermutlich zum Namen Berlin führte. Manchem missfällt diese Erklärung so sehr, dass er allerlei versucht, um einen deutschen Ursprung des Stadtnamens herzuleiten. Da hilft, dass der Bär im Wappen ähnlich klingt – nur wurde der da wohl deshalb hineingemalt, weil man sich schon bald nicht recht erklären konnte, woher der Name Berlin wohl stammen mochte.

Die Kirche wurde bald schon vergrößert, weil auch das Handelsstädtchen sich rasch entwickelte, aber das mächtige Westwerk der alten romanischen Kirche geht noch auf den ersten Steinbau zurück. Von den beiden Turmspitzen war jahrhundertelang nur die südliche ausgeführt, seit drei Jahrzehnten erst ist die Kirche vollendet. Wichtig für die Stadtgründung war als Transportweg und Nahrungsquelle die nahe Spree, die man vom Kirchplatz aus vor lauter Häusern leider nicht sieht.

Entlang der geschäftigen Poststraße in Richtung Molkenmarkt dünsten fast alle Häuser Geschichte aus – ziehen wir exemplarisch drei heran: Das Knoblauchhaus |2| an der Kirchplatzecke ist ein typisches Bürgerhaus aus der Zeit Friedrichs des Großen, vor einhundert Jahren wurde es klassizistisch umgebaut, seither zieren ein Rankenfries die Fassade und ein hübscher Erker das Portal. Bis heute gehört es der bedeutenden Familie Knoblauch, aus der unter anderem der Architekt der Neuen Synagoge und Mitgründer des Architektenvereins Eduard Knoblauch hervorging. Ein Stück weiter an der Ecke zum Mühlendamm steht ein sehr viel prächtigerer Bau, das Ephraim-Palais |3|. Mitte des 18. Jahrhunderts im Rokokostil errichtet, bezauberte die Berliner sogleich die anmutige Rundung der Portalfassade – Berlins kesseste Ecke nennt man es. Errichten ließ es Veitel Ephraim, Bankier und Münzpächter Friedrichs des Großen, in den 1760er-Jahren. Zur Zeit des Siebenjährigen Krieges finanzierte er des Königs Feldzüge in Schlesien und verschlechterte wegen des enormen Finanzbedarfs auf dessen Befehl hin das Geld durch einen Bleikern in den Silbermünzen, Ephraimiten genannt. Ebenfalls stattlich, wenn auch weniger prächtig ist das gegenüberliegende Palais Schwerin |4|, Anfang des 18. Jahrhunderts für den preußischen Staatsminister Otto von Schwerin errichtet.

Wenden wir uns dem ältesten Platz der Stadt zu, dem Molkenmarkt. Er ist heute vor allem vom Verkehr verstopft: Straßenbahnen, Pferdekutschen und Automobile. Hinzu kommen immer mehr Fahrräder und natürlich

Der Molkenmarkt, ruhig wie selten. Ein Straßendurchbruch in Richtung Alexanderplatz könnte ihn vom ständig zunehmenden Verkehr entlasten.

Fußgänger. Vorbei die alten Zeiten des gemütlichen Markttreibens – vermutlich wird der Verkehr weiter zunehmen. Schon wird gefordert, für eine direkte Verbindung zum Alexanderplatz einen weiteren Straßendurchbruch zu schaffen. Die Spandauer Straße verbindet die beiden wichtigsten Verwaltungsgebäude der Stadt – links oben ragt der massige Uhrenturm des Berliner Rathauses |5| empor, hier am Molkenmarkt weist hinter den dreigeschossigen Häusern der neue Bau des Stadthauses |6| mit seinem Kuppelturm gen Himmel. Noch nicht ganz fertiggestellt, soll es bald das Rathaus ergänzen, weil die Stadt einfach nicht aufhören will zu wachsen. Rund eintausend Magistratsbeamte sollen dort Platz finden. Für den kolossalen Bau wurde ein ganzes Karree mit 32 Grundstücken niedergerissen, wie es seit einigen Jahrzehnten in Berlin immer wieder getan wird. Berechtigte Befürchtungen werden laut, dass die rasante Entwicklung vom alten Berlin nicht viel übrig lassen wird.

Wir nehmen die Parochialstraße, an deren nächster Ecke der Name Jüdenstraße noch an die ersten Berliner Juden erinnert, die sich hier Mitte des 13. Jahrhunderts niederließen. Für das Stadthaus verzichtete der Architekt und Stadtbaurat Ludwig Hoffmann auf eine große Portalfassade, die mangels Vorplatz nicht recht hätte wirken können. Wir gehen links am Neubau entlang zur Klosterstraße, eine der wichtigsten Straßen Altberlins. Und hier vermittelt sich die Altberliner Atmosphäre sogleich wieder: rechts der anmutige Turm der barocken Parochialkirche |7|,

Blick auf die barocke Parochialkirche. Links daneben Palais Podewils.

einer der vielen schlanken Kirchtürme Berlins, die über den Häuserdächern herausragen. Mit etwas Glück kann man dem berühmtesten Glockenspiel Berlins lauschen und dabei auf dem eisern umzäunten Kirchhof Grabsteine entziffern, darunter den von Wilhelm Kaspar Wegely, dem Gründer der Königlichen Porzellan-Manufaktur. Himmlisch instruiert gehen wir die Klosterstraße links hinunter, vorbei am barocken Palais Podewils aus dem frühen 18. Jahrhundert zur (bettelordenstypisch turmlosen) Kirche des Franziskanerklosters, das der Straße den Namen gab. Die Bettelorden siedelten sich im Mittelalter vorzugsweise am Stadtrand an, wo die ärmere Seelsorge-Klientel wohnte – gleichwohl diente der Konvent als Grablege der askanischen Markgrafen. Das Kloster wurde im 13. Jahrhundert im Stil der märkischen Backsteingotik errichtet, die Kirche gilt als bedeutendster gotischer Bau der Stadt. Reste der Westfassade und der nördlichen Langhauswand stammen aus dem späteren 13. Jahrhundert. Einige Jahrzehnte nach der Auflösung des Klosters infolge der Reformation zog 1574 das Gymnasium zum Grauen Kloster ein, bis heute die berühmteste Schule Berlins.

Die Klosterstraße zieht sich in einem sanften Bogen an Rathaus und Marienkirche vorbei weit nach Norden, aber wir gehen über das Klostergrundstück zur Neuen Friedrichstraße. Gegenüber der Klosterrückseite kontrastiert die Jugendstilfassade des Justizpalastes mit den gotischen Spitzbögen. Seit einigen Jahren residieren hier überaus stattlich Amtsgericht I und weiter links Landgericht I. Das Gebäude ist das zweitgrößte nach dem Schloss! Mogeln Sie sich in das überwältigende, wie schwerelose Treppenhaus, der Blick rechtfertigt die womöglich folgende Schimpfkanonade des Pförtners. Es gilt als das schönste, aber auch ambitionierteste Treppenhaus der Reichshauptstadt.

Vorbei an der Rückseite der Parochialkirche und an kleinen, windschiefen Häusern folgen wir dem Verlauf der mittelalterlichen Stadtmauer, die bis auf das 13. Jahrhundert zurückgeht. Hinter den Häusern vermuten Historiker noch Reste der Feldsteinmauer. Weiter in Richtung Spree geht es zum neu errichteten Verwaltungsgebäude der städtischen Gaswerke, für das vor wenigen Jahren das um 1700 erbaute, höchst eindrucksvolle Waisenhaus weichen musste, und gleich dahinter auf die Waisenbrücke. Weiter links liegt die schmalere Jannowitzbrücke mit regem Verkehr der Elektrischen, unterhalb der Jannowitzhafen, von dem aus Dampferfahrten angeboten werden, und die Flussbadeanstalt. Vergleichsweise neu ist das auf dem anderen Spreeufer errichtete Märkische Provinzialmuseum |8|. Es wirkt wie eine Wehrkirche aus dem Mittelalter, ist aber weder je ein Gotteshaus gewesen noch so alt, wie es scheint. Bei näherem Hinsehen erkennt man verschiedene Baustile, die im derzeit so beliebten historistischen Stil zusammengefasst wurden. Das passt recht gut zum Gebäudeinhalt: Exponate aus den verschiedenen Epochen der Geschichte Berlins und der Mark Brandenburg. Der massive Backsteinbau wurde erst vor wenigen Jahren fertiggestellt und strahlt eine Ruhe aus, die der quirlige Märkische Platz gleich hinter der Brücke mitsamt der betriebsamen Umgegend gut gebrauchen kann. Derzeit werden um das Museum und den kleinen Park große Geschäfts- und Bürohäuser errichtet. Auf dem Parkgelände befand sich einmal die Bastion VII der Stadtbefestigung aus dem 17. Jahrhundert, die hier dem morastigen Grund regelrecht abgetrotzt werden musste. Der Name Wallstraße erinnert noch daran. Der „Wusterhausener Bär", ein kleiner runder Backsteinturm mit verzierter Haube, gehörte einstmals zu einem Wehr des Festungsgrabens. Die Bezeichnung Bär hat nichts mit dem Berliner Wappentier zu tun, sondern ist von dem lateinischen Wort *berum* (Wehr) abgeleitet.

Bei gutem Wetter lohnt sich ein verdientes Päuschen, denn der Weg führt zurück in den Trubel der Großstadt. Für allerlei Nöte ist hier gesorgt: Außer einer öffentlichen Bedürfnis- gibt es eine einfache Volksbadeanstalt (Wannenbad I. Klasse 50 Pfennige, Brausebad II. Klasse 10 Pfennige). Der durstige Spaziergänger kann dort beim Bademeister auch eine Fassbrause erstehen.

Nun geht es vorbei am dreiflügeligen Köllnischen Gymnasium mit Direktorenhaus und Turnhalle – hier beginnen wie im Grauen Kloster bedeutende Berufswege – und über die gediegen-geschäftige Wallstraße zur schmalen Inselstraßenbrücke. Noch kann man den Mittelteil hochziehen, um Schiffe durchzulassen – und noch verhindert der schmale Steg, dass das dahinterliegende Fischerviertel vom Verkehr überrollt wird. Es ist ein sehr armes, aber auch sehr authentisches Wohnviertel. Nicht selten arbeiten hier die Handwerker vor ihren doch sehr kleinen Kellerwerkstätten, bieten alte Frauen Selbstgehäkeltes feil, machen sich nichtsnutzige Lümmel über Stadtflaneure lustig – und springen kläffende Hunde über das Pflaster, das ansonsten hier noch den Kindern gehört. Angesichts der ungeheuren Dynamik, mit der sich Berlin seit einigen Jahrzehnten verändert, muss man sich geradezu wundern, dass dieses Stück Altstadt noch so aussieht wie vor einem halben Jahrhundert oder länger. Anderswo in der Stadt hat man die schmalen und niedrigen Häuser längst durch fünfgeschossige Wohnhäuser ersetzt oder große Verwaltungs- und Repräsentationsbauten errichtet. Aber Veränderungen stehen an: Nicht nur wird die Inselbrücke in den nächsten Jahren erheblich breiter neu gebaut, unter der Wallstraße wird zudem gerade ein Untergrundbahn-Bahnhof gebaut, sodass man in wenigen Minuten zum Alexander- oder Potsdamer Platz gelangen kann. In der Wallstraße sind im Zuge dessen bereits neue, *repräsentative* Geschäftshäuser geplant – die Unterpflasterbahn verändert die Stadt über sich.

Hinter der Inselbrücke nehmen wir links die schmale, ärmlich-pittoreske Köllnische Straße, biegen an der nächsten Ecke rechts in die Fischerstraße – ein legendäres Lokal lädt hier zur Einkehr: zum Nussbaum, so benannt wegen eines Nussbaums vor dem Haus. Das original spätmittelalterliche Giebelhaus stammt noch aus dem 16. Jahrhundert! Berlins berühmtester Milieumaler Heinrich Zille findet hier stets komische oder anrührende Motive für seine Bildgeschichten.

Nach Norden geht es weiter zum Köllnischen Fischmarkt und von dort nach links zum Petriplatz. Hier herrscht wieder großstädtische Betriebsamkeit, Straßenbahnen rattern, gut gekleidete Damen inspizieren die Auslagen der zahlreichen Geschäfte. Hier steht sozusagen die zweite Wiege Berlins: der Stadtkern von Cölln. Die älteste erhaltene Erwähnung Berlins geht auf Cölln zurück: Für das Jahr 1237 nennt eine Urkunde den Cöllner Pfarrer Simeon. Der Name verweist übrigens möglicherweise auf Köln am Rhein, vielleicht waren es dortige Kaufleute, die hier siedelten. Noch heute wird gern beschworen, Cölln sei aus einem Fischerdorf hervorgegangen, aber dafür gibt es keinerlei Belege. Das einstige Rathaus musste vor ein paar Jahren einem Geschäftshaus weichen, wie sie das Bild des Platzes inzwischen prägen. Darin drückt sich die Modernisierung der Altstadt und der Drang zu breiteren Straßen ebenso aus wie der Umstand, dass Cölln gegenüber Berlin über Jahrhunderte gezwungen war, die zweite Geige zu spielen. Denn da, wo das mittelalterliche Rathaus der Schwesterstadt Berlin stand, findet sich heute das monumentale Rathaus der Reichshauptstadt. Unerschütterlich aber ist die Cöllner Petrikirche |**9**|: Eine erste Pfarrkirche der neu gegründeten Stadt wurde wohl schon bald nach 1200 errichtet. Der mehrmals neu- und umgebaute heutige neugotische Bau stammt aus dem 19. Jahrhundert, der 111 Meter hohe Turm ist der höchste Berlins.

Kirche und Platz umrundend, wenden wir uns rechts in die sogleich sehr viel ruhigere Brüderstraße – und gelangen vom 20. wieder ins 19. Jahrhundert. An der Ecke zum Petriplatz noch kündet ein modernes Warenhaus von den neuen Zeiten: Das Kaufhaus Rudolph Hertzog nimmt inzwischen ein ganzes Karree zwischen Brüder- und Breite Straße ein. Dann aber folgen links und rechts Bürgerhäuser sogar des 18. Jahrhunderts, darunter das des berühmten Berliner Verlegers und Aufklärers Friedrich Nicolai. Der original barocke Innenhof mit großem Nussbaum ist besonders sehenswert. Daneben das „Galgenhaus“ aus dem 17. Jahrhundert, das seinen Namen von einer übereilten Hinrichtung erhielt, die angeblich hier stattfand, als man eine Dienstmagd fälschlich des Diebstahls eines Silberlöffels überführt glaubte. Später fand sich das gesuchte Silber wieder auf, eine Ziege hatte es im sandigen Hof verscharrt.

Die Brüderstraße führt auf den Schlossplatz am nördlichen Stadtrand des alten Cölln. Die staatlichen Gebäude und Denkmäler aber heben wir

Kurfürsten, Könige und Kaiser

Das Schloss ist bei wechselndem Äußeren seit Jahrhunderten Ort der Machtdemonstration und -repräsentanz. Als die Hohenzollern zu Anfang des 15. Jahrhunderts vom Kaiser mit dem Kurfürstentum Brandenburg belehnt wurden, mussten sie sich die widerspenstigen Berliner erst einmal gefügig machen, also bauten sie am Stadtrand von Cölln ein respektgebietendes Schloss. Mit wachsender Größe und Bedeutung des Landes wurde es immer wieder erweitert, zum ersten Mal schon Mitte des 16. Jahrhunderts, vor allem aber im Zusammenhang der Rangerhöhung des Kurfürsten Friedrich III. zum König Friedrich I. Friedrich sah sich gezwungen, stattliche Bauten zu errichten, um als Emporkömmling unter den europäischen Königskollegen einigermaßen ernstgenommen zu werden. Baumeister Andreas Schlüter schuf das jetzige Schloss, das auf das Doppelte vergrößert wurde. Die Schlosskuppel stammt aus dem 19. Jahrhundert: Zähneknirschend hisste hier Friedrich Wilhelm IV. während der Revolution von 1848 die schwarz-rot-goldene Fahne – nur um bei erstbester Gelegenheit mit der Revolution kurzen Prozess zu machen.

uns für den nächsten Tag auf und wenden uns sogleich nach links, queren abermals den Spreekanal und passieren die Schinkel'sche Bauakademie **|10|**. Hier wirkte und wohnte der berühmte Baumeister des 19. Jahrhunderts, dem die Stadt zahlreiche stattliche Gebäude verdankt – wie die Friedrichswerder'sche Kirche.

Der Friedrichswerder, benannt nach dem Großen Kurfürsten, war von der Gründung Mitte des 17. Jahrhunderts bis zur Vereinigung Berlins mit seinen Vorstädten 1709 eine eigene Stadt, wenn auch eine sehr kleine. Sie endete im Westen schon am nahen Festungswall. Gegenüber der Kirche befand sich einst das Rathaus des Friedrichswerder, an seiner Stelle steht heute die Münze, schräg dahinter die Reichsbank. Längst ist auch dies ein emsiges Geschäftsviertel mit wenigen Oasen der Ruhe, von denen die Kirche eine ist. In den 1820er-Jahren nach englischem Vorbild errichtet, war sie die erste neugotische Kirche Berlins. Der Vorgänger war ein eher schlichter Barockbau, eine zum Gotteshaus gewandelte kurfürstliche Reithalle. Schinkel nahm die traditionelle märkische Backsteinbauweise wieder auf, wie wir sie am Franziskanerkloster betrachten konnten, und wirkte darin stilweisend bis zum derzeitigen Historismus. Erstmals

Schinkels Kirchenbau auf dem Friedrichswerder, der bis 1709 Stadtrecht besaß.

wurde für die Kirche auch der gesamte Bauschmuck aus Backstein gefertigt, genau wie später bei der benachbarten Bauakademie.

Wir folgen der zu Ehren der französischen Hugenotten so benannten Französischen Straße und biegen bald links in die Oberwallstraße ab. Unübersehbar regiert hier der Mammon, sei es in Gestalt von Banken oder der berühmten Konfektionshäuser. Besonders eindrucksvoll ist die lang gestreckte, prächtige Fassade des Konfektionshauses Valentin Manheimer. Manheimer gehörte vor 80 Jahren zu den Begründern des hiesigen Konfektionsviertels, heute ist sein Unternehmen eines der weltweit größten in der Damen- und Kinderkonfektion. Riesige Verkaufsräume und ein überwältigendes Treppenhaus mit Lichtkuppel verfehlen ihre Wirkung bei der Kundschaft nicht.

Die Straße öffnet sich zum Hausvogteiplatz mit seiner eigenwilligen Form, die der einstigen Bastion III des Festungswalls geschuldet ist. Auf der Nordseite ließ Friedrich der Große Mitte des 18. Jahrhunderts Hofgericht und Gefängnis der Hausvogtei einrichten. In den vergangenen Jahrzehnten wurde viel der alten Bebauung, die noch Wohnen und Gewerbe verband, zugunsten der stattlichen Konfektionshäuser geopfert. Stellen Sie sich in die Mitte des Platzes an den Springbrunnen und lassen Sie den Blick rundum schweifen – „steingewordener“ Stolz über das Erreichte,

Berliner Konfektion

Im Unterschied zu den Pariser Couturiers, die exklusive Einzelstücke fertigen, produziert die „Berliner Konfektion“ preiswerte Serienmodelle und macht damit pro Jahr vielleicht eine Viertelmilliarde Reichsmark Umsatz. Denn ihre „Mode von der Stange“ wird im ganzen Reich und weit darüber hinaus gekauft und getragen. Größten Anteil daran haben ungezählte Berliner Heimarbeiterinnen, die zu meist kümmerlichem Lohn und bis tief in die Nacht zu Hause die zugeschnittenen Stoffteile, die sie vom sogenannten Zwischenmeister erhalten, zu Kleidungsstücken verarbeiten. Die feinen Damen, die hier müßiggehen und ihre Einkäufe schon des Umfangs wegen ins Alsenviertel, die Villen am Tiergarten oder auch in die gediegenen neuen Wohngegenden des Bayrischen Viertels in Schöneberg oder des Südwestkorsos in Friedenau schicken lassen, dürfte dieser Umstand wenig bekümmern.

sei es das Konfektionshaus „Am Bullenwinkel“ am Beginn der Taubenstraße oder gegenüber Hausvogteiplatz 12, an dem weithin sichtbar eine große Uhr mit Strahlenkranz davon kündet, dass Zeit Geld ist. Sie erinnert uns an die fortgeschrittene Stunde – hier soll es einstweilen genug sein. Von hier weg bringt uns neben der Elektrischen seit Kurzem die Untergrundbahn, für deren Bau vor einigen Jahren der ganze Platz aufgerissen wurde, weshalb auf der neuen Platzanlage noch wenig Baumschatten zu genießen ist. Die Centrumslinie fährt zum nahe gelegenen Spittelmarkt mit vielen Straßenbahnanschlüssen oder in Richtung Westen zum Potsdamer Platz und weiter nach Charlottenburg oder zur Warschauer Brücke an der Oberspree.

Bleibt noch der Hinweis auf ein letztes Zeugnis des benachbarten Festungsgrabens: In der Mohrenstraße künden noch Kolonnaden davon, dass unter ihnen einstmals Wasser floss – bis heute wachen Flussgötter auf dem Dach über das verschwundene Wasser und sinnen verflossenen Zeiten nach.

VON DER NIKOLAIKIRCHE BIS ZUM HACKESCHEN MARKT

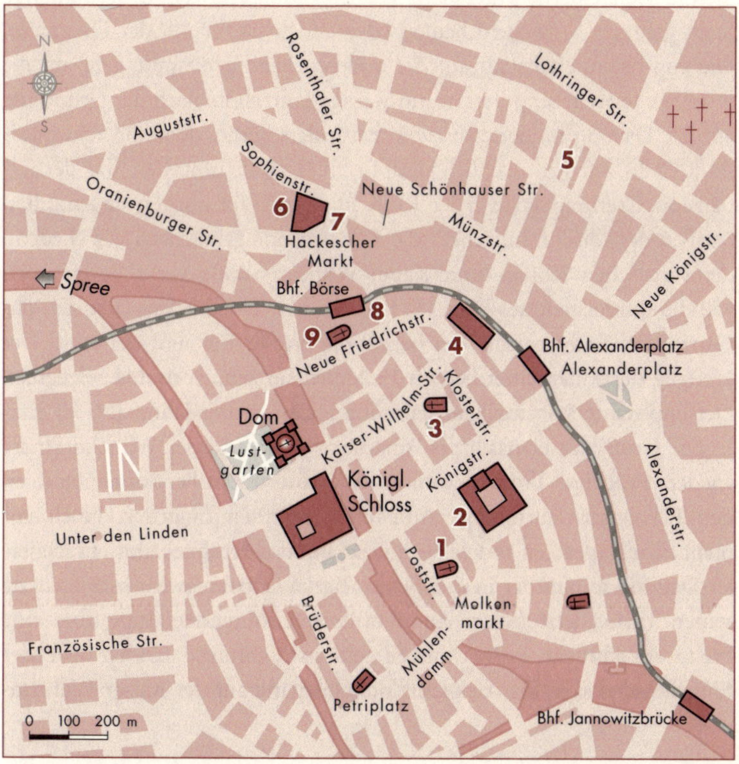

Wir beginnen wieder an der Nikolaikirche |1|, folgen aber diesmal der Poststraße nach Norden bis zur Königstraße, die ebenso gut Rathausstraße heißen könnte, sähe sich der Monarch nicht weit über das Bürgertum erhoben.

Solange die Hohenzollern sich mit der Kurfürstenwürde zufriedengeben mussten, hatte diese damals wichtigste Straße Berlins verschiedene Namen. 1701 wurde sie aus gegebenem Anlass umbenannt: Kurfürst Friedrich III. hatte sich im fernen Königsberg zum ersten preußischen König gekrönt und war auf dem anschließenden Triumphzug hier entlang ins Schloss zurückgekehrt. Und doch lassen wir die monarchischen Bauten ein weiteres Mal links liegen.

Wir überqueren die quirlige Einkaufsstraße, auf der die Straßenbahnen dicht an dicht vorbeischießen. Bedeutend für den Verkehr war die Straße schon lange vor der Straßenbahn, denn sie war die wichtigste überregionale Verbindung in Richtung Nordosten und führte schon im Mittelalter zum Oderberger Tor. Von dort wurden die Salzheringe der Ostsee von Stettin nach Oderberg auf dem Wasser- und Landweg in die hungrige Stadt gebracht – das geht heute bedeutend schneller mit der Eisenbahn. Die eng bebaute Altstadt auf der anderen Seite der Straße geht auf die erste Stadterweiterung Berlins nur wenige Jahrzehnte nach der Gründung zurück. Davon profitierte zunächst besonders Berlin, denn die Schwesterstadt Cölln war von reichlich sumpfigem Gelände umgeben, was der Expansion Grenzen setzte. Hier kann man sich auf einigen engen, alten Straßen der Illusion hingeben, die Zeit verrinne gemächlich wie ehedem, denn zwischen König- und Kaiser-Wilhelm-Straße wirkt Berlin noch wie die Bürgerstadt aus dem 19. Jahrhundert. Überblicken lässt sich das Ganze vom Rathausturm – er besitzt die größte Turmuhr der Welt! Der Umfang der Zifferblätter beträgt 15 Meter, sie werden nachts beleuchtet. Der imposante Rohziegelbau stammt aus den 1860er-Jahren |**2**|.

Die Großstadt überfällt uns spätestens an der Kaiser-Wilhelm-Straße wieder. Prächtige Gründerzeitfassaden, eindrucksvolle Portale und an den Eckhäusern turmartige Aufbauten schinden Eindruck. Noch vor nicht allzu langer Zeit endete die Straße diesseits der Spree, nur ein schmaler Steg führte hinüber in den Schlossbezirk. Doch der Verkehr forderte seinen Tribut, jetzt fahren Automobile mit röhrender Hupe über eine breite Spreebrücke, vorbei am Schloss und auf „die Linden", wie der Einheimische sagt. Das befördert die Geschäfte auf der Kaiser-Wilhelm-

Weltmaßstäbe

Sollte es zur Vergrößerung Berlins kommen und die Reichshauptstadt seine Umgegend verschlingen, dann könnte das neue Groß-Berlin, je nach Ziehung der neuen Stadtgrenzen, die zweitgrößte Stadt der Welt werden – nach Los Angeles. Von der Einwohnerzahl her gesehen, könnte das neue Stadtgebilde im Weltvergleich auf Platz drei vorrücken, nach New York und London.

Die Berliner legen wert auf ihre Superlative: Die Turmuhr des Rathauses ist die größte der Welt.

Straße, beeinträchtigt aber das Flanieren. Wie so oft war der Verkehr ein willkommener Grund für die Baumaßnahme, weil damit eine Arme-Leute-Gegend nahe der Spree abgerissen werden konnte. Ein weiteres, schwer von der Hand zu weisendes Argument war die bessere Belüftung der doch sehr eng bebauten Altstadt. Jetzt zieht man hier gern den Vergleich zu Pariser Boulevards, während mancher spöttelt, damit lasse sich schwer vereinbaren, dass der Straßenzug in seiner Breite eher unschön zwischen 22 und 33 Meter Breite schwankt. Ebenso zweifelhaft ist die Tatsache, dass keineswegs alle Häuser des „Boulevards" neu und eindrucksvoll errichtet wurden, sondern allenfalls jedes zweite. Am Neuen Markt macht die Straße noch dazu einen Knick, was aber die Marienkirche |**3**| mit dem davor errichteten, höchst eindrucksvollen Lutherdenkmal mühelos überdeckt. Der Vater der Reformation steht kühn auf hohem Sockel und hält in der Linken eine ausgesprochen wuchtige Bibel.

Auch der Neue Markt wurde im Sinne der Reichsmetropole umgestaltet. Jahrhundertelang wichtiger Marktplatz, verlor er sein gewohntes Aussehen und ist heute ein großstädtischer, würdig gestalteter, allerdings auch viel weniger atmosphärischer Stadtplatz. Die Bürger wissen aber das seither vermehrte Grün zu schätzen. Die Marktfunktion hat die nahe gelegene Zentralmarkthalle |**4**| übernommen, der „Bauch von Berlin".

Früher gab es zwanzig Wochenmärkte in Berlin, aber mit steigender Bevölkerungszahl und zunehmenden Problemen durch Hygienemangel und Gesundheitsgefährdung sah sich in den 1880er-Jahren der Berliner Magistrat zum Handeln veranlasst. Die stürmische Entwicklung Berlins, die enorme Bevölkerungsdichte, aber auch neue wissenschaftliche Erkenntnisse über Krankheitsursachen und -vorsorge ließen die Stadtväter eine ganze Reihe von Maßnahmen ergreifen. Eine davon, die Zentralmarkthalle, steht als steinerner Koloss am Alexanderplatz, viel Fuhrverkehr

Geschäftiges Treiben im Bauch von Berlin: die Zentral-Markthalle am Alexanderplatz.

drumherum und stets eine große Anzahl Tage- oder besser gesagt Stundenlöhner, die sich mit Handlangerdiensten ein paar Groschen verdienen. 1886 nach drei Jahren Bauzeit fertiggestellt und mit eigenem Gleisanschluss versehen, bietet sie beidseits der Kaiser-Wilhelm-Straße reichlich Platz für Klein- und Großhandel. 15 weitere, dezentrale Markthallen versorgen die Bewohner der Stadtteile mit Lebensmitteln.

Für einen Abstecher zum Alexanderplatz wenden wir uns nach rechts in Richtung Bahnhof. Das Bahnviadukt wurde hier übrigens auf dem früheren Festungswall errichtet – für die Stadtbahn zwischen dem Schlesischen Bahnhof im Osten und dem Bahnhof Charlottenburg im Westen. Der Viadukt, 1875–82 erbaut, ist gut zwölf Kilometer lang, ca. sechs Meter hoch und besteht aus 722 Bögen, die zumeist für Gewerbe und als Lagerstätten oder Pferdeställe, aber auch einfache Schankwirtschaften genutzt werden. Darüber verbindet die Stadtbahn wichtige Fernbahnhöfe und ergänzt die ältere Ringbahn. Von den elf Bahnhöfen sind vier auch Fernbahnhaltestellen, darunter der Bahnhof Alexanderplatz.

Derzeit geht es hier kaum weniger lärmend zu als bei den geschäftigen Markthallen. Der Bahnhof wurde vergrößert, imposante Warenhäuser wurden errichtet und die Königskolonnaden aus friderizianischer Zeit, die einst die Brücke flankierten, mussten weichen. Hier stoßen wir wieder auf die Königstraße und dann sogleich auf den Alexanderplatz. Er geht ursprünglich, wie sein westliches Pendant Potsdamer Platz, auf eine Ver-

Stadtmutter Berolina

Seit fünfzehn Jahren wacht sie über den Alexanderplatz, die Berolina, die aus Kupfer getriebene weibliche Allegorie der Stadt. Fünf Tonne schwer und siebeneinhalb Meter hoch die Figur selbst, sechseinviertel Meter misst der Sockel aus schwedischem Granit. Emil Hundrieser schuf sie, der auch das Kaiser-Wilhelm-Denkmal am Kyffhäuser entwarf. Der Berliner nennt sie „Beeren-Lina“ und fragt sich, wohin der ausgestreckte Arm denn weist: auf das „Café Achteck“ gleich daneben, die Bedürfnisanstalt? Oder eher der Weg zum Obdachlosenasyl, wohin es aber noch ein Stück Weges ist? Vielleicht auch die Aufforderung an die gottlosen Großstädter zum Kirchgang in der gegenüber liegenden Georgenkirche? Oder ist es ein eher unbeholfener Versuch, den wachsenden Verkehr zu regeln?

Blick auf den Alexanderplatz mit Berlin in Richtung Norden. Rechts die Königstraße, die sich links der Georgenkirche als Neue Königstraße fortsetzt.

kehrskreuzung unmittelbar vor den Toren der Stadt zurück, die sich zu einem wichtigen Knotenpunkt entwickelt hat. Anfangs handelte es sich um ein kleines, baumbestandenes Örtchen nahe dem massigen Polizeipräsidium. Ursprünglich als Ochsenplatz, offizieller als Königsthorplatz bekannt, wurde er 1805 zu Ehren des Berlinbesuchers Zar Alexander I.

umbenannt. Seither hat er sich sehr verändert und wird als wichtigster Verkehrsplatz Berlins betrachtet. In der Tat verkehren hier Dutzende Straßenbahn- und Omnibus-Linien, klappern Karrenräder, werden Pferde und Esel zum Lastenziehen angetrieben. Große Hotels, Theater und Vergnügungsetablissements ziehen Menschenmengen an und spucken sie wieder aus, zahllose kleine Geschäfte und drei große Warenhäuser locken willige Käufer. Hinzu kommen die nahe gelegenen Kasernen, Exerzierhallen und das Polizeipräsidium. Ein Publikumsrenner ist das Sedan-Panorama mit einem imposanten Rundgemälde des Historienmalers Anton von Werner, das den deutschen Sieg über Frankreich 1870 verherrlicht – Getränke und Speisen ergänzen das Rendezvous mit der Geschichte.

Nur zwei stehen hier unerschütterlich und unbeeindruckt: am Nordostrand des Platzes in der Verlängerung der Königstraße die vor einigen Jahren neu erbaute Georgenkirche mit ihrem schlanken, 105 Meter hohen Kirchturm und auf dem Platz selbst die Statue der Berolina, die tags wie nachts als Treffpunkt dient, damit man sich im Gewühle nicht verfehlt. Mutter Berlin trägt Mauerkrone und Eichenlaubkranz, auf dem Kettenhemd die Berliner Amtskette. Die kupferne Allegorie auf Berlin, fünf Tonnen schwer, siebeneinhalb Meter hoch auf sechseinviertel Meter Sockel, streckt großzügig ihre Hand aus, hoffentlich mit anderen Hintergedanken als das Warenhaus Tietz gleich dahinter! Vermutlich verweist sie auf etwas, aber worauf? Die Erklärungen der Berliner sind meist spöttisch bis frech – und vielfältig.

Wir folgen dem Fingerzeig der Berolina nicht, sondern wenden uns nach Norden zur Alexander-, dann Münzstraße und erreichen das berüchtigte Scheunenviertel |**5**|. Es entstand nach 1672, als wegen der Brandgefahr Holzscheunen in der Stadt verboten wurden. Die Berliner Patrizierfamilien, die vor der Stadtmauer Landwirtschaft betrieben, verlegten die Scheunen hierher. Daraus wurde später eines der ärmlichsten und verrufensten Viertel der Stadt, als der Zustrom nach Berlin derart anschwoll, dass aus Scheunen und sandigen Wegen schäbige Wohnhäuser und düstere Gassen wurden, in denen sich die Ärmsten der Armen ansiedelten. Oft waren das osteuropäische Juden, die vor der Verfolgung geflohen waren. Zum heutigen Elend tragen Institutionen wie das Frauenasyl bei, die die Not lindern sollen, aber gleichzeitig der Elendsprostitution Vorschub leisten, zu der rundherum einige Kasernen das Ihre beitragen. Das Prekäre hat durch sensationslüsterne Berichte der Berliner Journaille an reich gedeckten Frühstückstischen Furore gemacht, sodass jeder in Berlin zu wissen glaubt, wie abgründig es hier zugeht.

Wir empfehlen also nicht, von der Münzstraße rechts in eine der engen Gassen zu laufen, in denen der Unrat das Schuhwerk verschmutzt, aus offenen Stiegen niedriger Häuser abgestandener Kohlgeruch wabert und schmierige Verkaufsstände Zweifelhaftes präsentieren. Das Geschäft mit dem Elend floriert, sei es durch Prostitution oder durch den Alkohol, der nirgends so billig ist wie hier und rege konsumiert wird.

Mancher betrachtet das Scheunenviertel bereits als illustres Museum, denn tatsächlich wird hier seit einigen Jahren Veränderung erzwungen. Systematisch hat der Magistrat Häuser aufgekauft, um sie dann abreißen zu lassen. Am Rande des Scheunenviertels entsteht ein großer Platz, der den Namen Bülowplatz bekommen soll und für den einige der alten Gassen bereits weichen mussten. Andere erhalten eine höhere Bebauung, die Grundstückspreise steigen. Willkommener Anlass für die Aufwertung des Scheunenviertels ist der Ausbau der Centrumslinie der Untergrundbahn, die vom Alexanderplatz hierher und dann weiter zum Bahnhof Nordring der Ringbahn führen soll. Geplant ist hier außerdem ein großes Arbeitertheater, die erste Volksbühne des Reiches. Einen gleichnamigen Verein gibt es längst, er hat sich zur Aufgabe gemacht, den einfachen Bevölkerungsschichten mehr Bildungsinhalte zugänglich zu machen. Insofern passt das Projekt in diese proletarische Gegend Berlins besonders gut – andererseits fragen die Ärmsten des Scheunenviertels zu Recht, wo sie denn bleiben sollen. Eine jämmerliche Kammer ist immer noch besser als ein verlaustes Bett im Obdachlosenasyl.

Unser Weg führt durch die Neue Schönhauser Straße, vorbei an einfachen Geschäften und preiswerter Restauration. Sehenswert ist die sogenannte Kaffeeklappe der Nummer 13. Bei dem Neorenaissancebau von Alfred Messel mit gefälliger Fassadenbemalung handelt es sich um eines der Volkskaffeehäuser, die das einfache Volk dem Alkohol entwöhnen sollen und gleichzeitig Speisehallen sind. Die beiden Hallen im Erdgeschoss trennen Männer und Frauen voneinander, was nicht jedem genehm sein dürfte. Dafür gibt es für ein paar Pfennige außer Kaffee, Kakao, Milch oder Buttermilch auch „Brot mit Stulle", wie der Berliner sagt, daneben warme Mahlzeiten in verschiedenen Preislagen. Ein Stück weiter die altehrwürdige „Rote Apotheke", die hier seit 1754 Arzneien und Mineralwasser feilbietet. Das Haus ist allerdings vor einigen Jahrzehnten neu gebaut worden – der große Verkaufsraum beeindruckt durch die prachtvolle Ausstattung mit Deckengemälde und Holzvertäfelung. Rundherum wechseln sich alte, zweistöckige mit höhergeschossigen Häusern ab, wird das Straßenleben schnelllebiger. So manches Haus aber behauptet sich hier seit der Zeit des Alten Fritz. Ein maßgeblicher Teil des Stadtlebens findet in den Höfen statt, die oft liebevoll begrünt sind. Vor allem Kleingewerbe macht das Wirtschaftsleben aus, Handwerker, bescheidene Geschäfte und bodenständige Gastronomie. Die Geschäftsleute sind auf den schmalen

Geldbeutel ihrer Kundschaft eingestellt, oft kann man hier sogar Ratenzahlung vereinbaren. Das gilt auch für das Kaufhaus Wertheim weiter rechts an der Ecke Sophienstraße, das eine ganz andere Klientel hat als das ungleich berühmtere Wertheim am feinen Leipziger Platz.

Es folgen die noch recht neuen Hackeschen Höfe |**6**|, eine Wohn-Gewerbe-Anlage mit acht Höfen. Der Kontrast zum Stadtlärm ist beträchtlich. Zwar herrscht hier nicht völlige Stille, zumal in den vorderen Höfen gearbeitet wird und in den hinteren Höfen spielende Kinder und keifende Frauen Akzente setzen. Und doch fällt die Ruhe auf und die Zeit scheint hier ein gemächlicheres Tempo anzulegen.

Vor wenigen Jahren errichtet, verlegen die Hackeschen Höfe die gegenwärtig überaus populäre Gartenstadtbewegung, die vor die Tore der hektischen Großstadt locken soll, gewissermaßen mitten in den Trubel der Metropole. Und tatsächlich eröffnet sich bald nach Eintritt hinter der prächtigen Stuckfassade der Straßenfront eine Oase der Ruhe. Im ersten und größten Hof setzte sich der Architekt August Endell zum Ziel, einen typischen Berliner Gewerbehof durch farbige Jugendstilgestaltung aufwendig aufzuwerten, schon weil er auch als Veranstaltungsort überzeugen soll. Die glasierten Ziegel besorgen das mühelos, der Eindruck ist zauberhaft.

Außer Etagenfabriken gibt es hier die Neumann'schen Festsäle, einer davon über zwei Etagen reichend, sowie im Erdgeschoss, von der Straße bis unters erste Quergebäude gezogen, ein sehr elegantes Weinrestaurant. Die folgenden Höfe sind einfacher gestaltet, der zweite und dritte ebenfalls dem Gewerbe reserviert, das hier vom Kürschner bis zum Lebensmittelgroßhandel, von der Bankfiliale bis zum Möbelhändler, von der Stempelfabrik bis zur Butterhandlung reicht. Die 90 Wohnungen sind weiter hinten untergebracht, damit sie in wohltuender Ruhe vom Grün und der guten Luft der Nachbarschaft profitieren können: dem alten Jüdischen Friedhof und dem Kirchhof der Sophiengemeinde. Hier zu wohnen lässt in der Tat vergessen, dass wenige Meter weiter die Großstadt tost – und der Kontrast zu den ungesunden Behausungen des Scheunenviertels mit seiner grotesk hohen Tuberkulose-Rate könnte größer kaum sein. Was heute gebaut wird, sind meist anonyme Mietskasernen mit engen, dunklen Hinterhöfen, in denen die schlechte Luft steht – auch davon heben sich die Hackeschen Höfe angenehm ab. Hier gibt es Parkett, Innentoiletten, Bäder und Zentralheizung. Entsprechend wohnt hier die gehobene Mittelschicht.

Zurück durch den Haupteingang gehen wir rechts zum Hackeschen Markt |**7**|, dem Herzen der Spandauer Vorstadt. Auch dieser Platz ging aus einer Bastion der alten Stadtbefestigung hervor und wurde auf Geheiß

Der General auf dem Keiler

Mitte des 18. Jahrhunderts beauftragte Friedrich der Große den preußischen General und Berliner Stadtkommandanten Hans Christoph Graf von Hacke, den Platz vor dem Spandauer Tor entwässern und bebauen zu lassen, weil die dortigen Festungsanlagen abgerissen worden waren. Einer Anekdote zufolge geht Hackes Auftrag auf einen derben Vorfall zurück: Der leidenschaftliche Jäger Hacke soll einmal vor den Stadttoren ein Wildschwein gejagt haben, das er aber nur verletzte. Der rasende Keiler ging auf ihn los, worauf sich der Graf geistesgegenwärtig rücklings auf das Tier schwang. Die unfreiwillige Partnerschaft endete erst im Morast vor dem Spandauer Tor, wo heute der Hackesche Markt liegt. Der König soll sich über den Vorfall so sehr amüsiert haben, dass er dem General den Auftrag zur Entwicklung des heutigen Hackeschen Marktes erteilte.

Friedrich des Großen Mitte des 18. Jahrhunderts vom General und Berliner Stadtkommandanten Hans Christoph Friedrich von Hacke bebaut. Die Spandauer Vorstadt existierte da bereits, sollte aber besser an die alte Stadt angebunden werden. Später schüttete man für den Bau der Eisenbahn auch den längst nutzlos gewordenen Festungsgraben zu. Der Stadtbahnhof |**8**|, erbaut 1878–82 und trotz moderner Zweckbestimmung an die italienische Renaissance erinnernd, wurde nach der benachbarten Berliner Börse benannt. Hinter dem Bahnhof befindet sich die Garnisonkirche |**9**|, die nach einem verheerenden Brand erst vor Kurzem wiederhergestellt worden ist. Von hier geht es mit Stadtbahn, Omnibus oder Elektrischer in jede gewünschte Richtung.

ZWISCHEN SCHLOSS UND BRANDENBURGER TOR

Ein Spaziergang durch das herrschaftliche Berlin muss natürlich am Hohenzollernschloss in Berlins Mitte beginnen |1| – aber wo genau? Bei rund 600 Metern Umfang gäbe es da viele Möglichkeiten. Wir starten auf der Kurfürstenbrücke über die Spree, gleich neben dem Schloss, wo auf einem Postament hoch zu Ross der Große Kurfürst Friedrich Wilhelm als antiker Feldherr beeindruckt. Die viel gerühmte Statue von Andreas Schlüter stammt aus dem Jahr 1696. Der Große Kurfürst widmete sich nach dem verheerenden Dreißigjährigen Krieg dem Wiederaufbau des Landes, und Sohn Friedrich I. schwang sich 1701 vom Kurfürsten zum preußischen König auf. Das aber verlangte nach einem standesgemäßen Schloss, weswegen das alte Renaissanceschloss aufwendig ausgebaut wurde. Die ältesten Reste sind von der Kurfürstenbrücke gut zu sehen, darunter der „grüne Hut", ein Überbleibsel der mittelalterlichen Stadtbefestigung Cöllns.

König Friedrich I. ist als prunksüchtiger Bankrotteur in die Geschichte eingegangen, dabei musste er als Emporkömmling die alteingesessenen Königskollegen anderer Länder notgedrungen beeindrucken, um ernst genommen zu werden. Den Verruf verantwortet vor allem Friedrich der Große, der den Großvater pointiert als „im Kleinen groß und im Großen klein" beschrieb. Dieser ungerechte zweite Friedrich, der seinerseits den weiteren Aufstieg Preußens vorantrieb, unterhielt zwar eine Wohnung im Schloss, nutzte sie aber möglichst wenig, weil er Berlin mied. Immerhin war ihm wichtig, vom runden Schreibkabinett den Blick auf die Brücke zu haben, zum geschätzteren Urgroßvater, dem Großen Kurfürsten Friedrich Wilhelm von Brandenburg. Auch wenn fast alle Könige im Schloss eine Wohnung besaßen, wohnten viele vorzugsweise anderswo – wegen der vielen Ämter und Behörden glich das Gebäude einem lärmenden Taubenschlag.

Blick auf die Westseite des Berliner Schlosses. Vorbild für das Hauptportal (Nr. III) war der Triumphbogen des römischen Kaisers Septimius Severus.

Das Schloss hat fünf Portale – links der Brücke, gegenüber Portal I der Neue Marstall, 1901 fertiggestellt. Er bietet reichlich Platz nicht nur für Pferde, Kutschen und Equipagen, sondern auch für die Automobile, die der Kaiser seit einigen Jahren besitzt. Er hat sich lange gegen das neumodische Verkehrsmittel gewehrt und noch 1902 erklärt: „Solange ich warme Pferde habe, besteige ich einen derartigen Stinkkarren nicht." Im Jahr darauf besann er sich jedoch eines Besseren, und der Hof schaffte drei Mercedes an.

Zwischen Portal I und II plätschert der riesige Neptunbrunnen, den die Stadt dem Kaiser 1891 zum Geschenk machte. Achteinhalb Meter breit das Becken, zehn Meter sind es in der Höhe bis zu Neptuns Dreizack. Die Berliner Spottlust ging am Brunnen nicht vorbei. Nach dem damaligen Oberbürgermeister Forckenbeck und dem Dreizack wird er auch „Forckenbecken" genannt. Und die vier Grazien auf dem Beckenrand, die für die vier größten deutschen Flüsse Rhein, Elbe, Oder und Weichsel stehen, sind laut kundiger Volksmeinung die einzigen vier Berlinerinnen, die den Rand halten können.

Wir gehen weiter über den Schlossplatz an Portal II vorbei zur Südostecke, hinter der es auf die Schlossfreiheit geht. Früher standen hier, am Ufer zum Spreekanal, eine Reihe Bürgerhäuser dem kolossalen Schloss-

Der Neptunbrunnen vor dem Berliner Schloss, im Hintergrund die Portale I und II. Vier Grazien als Allegorien auf die größten deutschen Flüsse zieren den Beckenrand.

portal III ehrfürchtig gegenüber. 1897 weihte der Kaiser hier das Nationaldenkmal ein, das seinem Großvater, dem Reichsgründer Wilhelm I., gewidmet ist. Warum die Berliner es kess „Zoo von Wilhelm Zwo" nennen, erschließt sich sofort, ist doch der Kaiser auf seinem Pferd von insgesamt 157 Tieren umgeben. Andere nennen es „Wilhelm in der Löwengrube". Nicht gekleckert, sondern geklotzt, wie der Berliner sagt, wurde auch beim dritten Schlossportal. Dem Severinsbogen in Rom nachgebildet, ist es das Hauptportal, über dem die markante Schlosskuppel thront, unter der sich die Kapelle befindet. Durch das Portal geht es in den Eosanderhof und von dort in den älteren Schlüterhof – der Zutritt ist allerdings nicht immer möglich. Seitdem Anarchisten es auf gekrönte Häupter abgesehen haben, werden auch in Berlin Sicherheitsmaßnahmen getroffen. Übrigens weist die kaiserliche Standarte auf dem Dach auf die Anwesenheit des Monarchen hin. Die Schlossbesichtigung ist werktags von 10 bis 13 Uhr und sonntags von 11.30 bis 13.30 Uhr möglich, der Eintritt kostet 50 Pfennig.

Das Nationaldenkmal für Kaiser Wilhelm I. Die zweite Ausschreibung brachte die Entscheidung für einen Entwurf des Bildhauers Reinhold Begas.

Zoo von Wilhelm Zwo

Ein beachtliches Aufgebot an Tieren ehrt Kaiser Wilhelm I. in der imposanten Denkmalsanlage vor dem Schloss: Auf seinem Pferd ist der „Kaiser der Einheit" von insgesamt 157 Tieren umgeben: 21 Pferde, 2 Ochsen, 8 Schafe, 4 Löwen, 16 Fledermäuse, 6 Mäuse, 1 Eichhorn, 10 Tauben, 2 Raben, 2 Adler, 16 Eulen, 1 Eisvogel, 32 Eidechsen, 18 Schlangen, 1 Karpfen, 1 Frosch, 16 Krebse.

Gehen wir zur Ecke an der Schlossbrücke und lassen den Blick auf uns wirken. Die städtebauliche Bedeutung des Schlosses lässt sich kaum überschätzen: Zum einen war es seit dem Ausbau um 1700 Fluchtpunkt der Stadtentwicklung, was vor allem an der Anlage des Lindenboulevards erkennbar ist, der von hier zum Brandenburger Tor führt. Zum anderen lässt sich hier am Lustgarten symbolisches Bauen nachvollziehen, denn an den vier Seiten stehen eindrucksvolle Gebäude für die vier Säulen des preußischen Staates: linker Hand, auf der anderen Seite der Schlossbrücke, das Zeughaus, Sitz des Militärs, gegenüber der Dom |2| für die protestantische Kirche, dazwischen das Museum |3| für die Kultur – und eben das Schloss als Symbol der Monarchie. Diese Quadratur im Blick, spricht der Kaiser gern vom Balkon des Portals IV zu seinem Volk im Lustgarten, das mitunter auch nur aus einigen Regimentern besteht, denn hier wird exerziert, wenn nicht paradiert. Fast permanent ist Militärmusik zu hören. Erst vor wenigen Jahren ließ Kaiser Wilhelm II. eine neue Domkirche errichten. Der von Karl Friedrich Schinkel klassizistisch umgestaltete Vorgängerbau, den viele für eleganter hielten, musste weichen.

Unser Gang geht nach links über die Schlossbrücke. Plötzlich scheint jedermann auf sein Äußeres zu achten, was daran liegen mag, dass mitunter der Kaiser hier beobachtet und nach Kräften mit Hurra-Rufen bedacht werden kann. Seitdem Berlin Reichshauptstadt ist, gibt es mehr Glanz und Pomp, und mit der Thronbesteigung Wilhelms II. 1888 hat das Pompöse auch in den oberen und obersten bürgerlichen Schichten abermals eine erhebliche Steigerung erfahren. Das zieht Kritik, aber auch Spott auf sich, was den Kaiser jedoch eher bestätigt als nachdenklich stimmt. Man sieht ihn häufiger gegen Mittag zackigen Schritts mit seinen Söhnen zur Ausgabe der Tagesparole ins Zeughaus eilen, und die Volks-

Kaiser Wilhelm II. und seine Söhne strammen Schrittes auf dem Weg vom Schloss über die Schlossbrücke zum Zeughaus.

meinung weiß zu berichten, dass er für jeden Tag des Jahres mehr als eine Uniform besitzt.

Die Schlossbrücke wurde 1822–24 nach einem Entwurf Karl Friedrich Schinkels errichtet. Die Figurengruppen zeigen ein Heldenleben – inklusive Heldentod, der auf den Olymp führt. Etwas vergnüglicher prangen am Brückengeländer Seepferdchen und Delphine – Vergnügen bereiten manchen auch die antiken Motive der „Brückenpuppen", weil der Todgeweihte nackt ist. Von der Brücke treten wir auf die Prachtstraße Unter den Linden. Sie gehört zu den drei wichtigsten Straßen Berlins, die der Berliner in Lauf-, Kauf- (Leipziger) und Saufstraße (Friedrichstraße) unterscheidet. Dabei läuft man hier nicht, man promeniert die preußische *via triumphalis* entlang. Allerdings sieht sich der Flaneur in seinem Vergnügen erheblich beeinträchtigt, seitdem der Verkehr am Schloss vorbei in Richtung Alexanderstraße rollt und von Tag zu Tag zunimmt. Vor allem die ersten vier preußischen Könige prägten diesen Boulevard, den Eindruck des 18. Jahrhunderts gibt fast nur noch der östliche Teil nahe dem Schloss wieder, weiter westlich wurde in den letzten Jahrzehnten emsig abgerissen und neu gebaut.

Im ersten Gebäude linker Hand – gleich gegenüber dem Zeughaus |**4**| – residiert hinter üppigem Vorgarten und bewehrt von preußischen Adlern

Die überdachte Ruhmeshalle im Berliner Zeughaus, einst Repräsentativbau und Waffenarsenal der preußischen Armee, heute Militärmuseum.

der Kommandant der Berliner Garnison |5|. Das Zeughaus, einst Waffenkammer des preußischen Militärs, dient seit der Gründung des Deutschen Reiches als Waffenmuseum mit Ruhmeshalle. Das Zeughaus ist neben dem Schloss der bedeutendste Barockbau der Stadt. Im großen Hof schuf Andreas Schlüter als Schlusssteine 22 Köpfe sterbender Krieger – das Leid in den Gesichtern ist beeindruckend eindringlich und stimmt nachdenklich. Gleich nebenan, umringt von Kastanien, befindet sich die tempelartige Neue Wache |6|. Schinkel verstand sie als Gedenkhalle für die Toten der Befreiungskriege. Wachtparade ist täglich um 12.30 Uhr.

Das klassizistische Kronprinzenpalais |7| gegenüber wurde für wechselnde Kronprinzen immer wieder umgebaut und erhielt seinen heutigen Charakter Mitte des 19. Jahrhunderts für den späteren Kurzzeitkaiser Friedrich III. Es erhielt ein Stockwerk mehr sowie den Säulenportikus und den Altan. Die Berliner verbinden den Bau noch heute mit dem Namen Kaiser Friedrichs III. Nebenan steht das Prinzessinnenpalais, durch einen Schwibbogendurchgang verbunden. Im Kronprinzenpalais wurde der jetzige Kaiser geboren, und nach dessen Regierungsantritt wohnte hier seine Mutter Victoria. Meist aber stand es leer, schon weil sie mit ihrem Sohn überkreuz war und sich lieber in ihren Witwensitz Friedrichshof im Taunus zurückzog. Heute wohnt hier wieder ein Kron-

Friedrich der Große

(1712–1786), Ururgroßonkel des derzeitigen Kaisers Wilhelm II., mochte Berlin nicht sonderlich. Grund dafür war seine schwierige Kindheit, weil dem Kronprinzen Hofintrigen und ein strenger Vater das Leben schwer machten. Als König wählte Friedrich Potsdam zu seiner Residenz und verbrachte in Berlin nur so viel Zeit, wie unbedingt sein musste. Das war vor allem die Zeit zwischen Weihnachten und seinem Geburtstag am 24. Januar. Trotzdem hatte der junge König bei seinem Regierungsantritt 1740 für die preußische Hauptstadt zunächst große Pläne: Wo heute die Universität steht, war ein viel größerer Bau geplant, ein neues Schloss. Es sollte mit 300 Metern doppelt so breit werden wie das Universitätsgebäude – größer als das Stammschloss der Hohenzollern ein paar Steinwürfe weiter! Friedrichs Pläne zerschlugen sich, weil er auf der anderen Seite der Linden, wo ein großer Vorplatz dem neuen Schloss Wirkung verschaffen sollte, nicht alle notwendigen Grundstücke ankaufen konnte. Einziger Bestandteil der Ursprungsplanung ist das Opernhaus – alles andere entstand nach mehrfachen Umplanungen.

prinz: des Kaisers ältester Sohn Friedrich Wilhelm mit Gemahlin Cecilie sowie den drei kleinen Prinzen Wilhelm Friedrich, Louis Ferdinand und Hubertus.

Längst ist das mächtige Reiterstandbild Friedrichs II. in unserem Blickfeld. Es steht da, wo sich der Lindenboulevard zum Forum Fridericianum öffnet. Der Alte Fritz ließ hier bauen, nachdem die Reste der Stadtbefestigung abgetragen waren. Rechts die Friedrich-Wilhelms-Universität |8|, die gerade ihr einhundertstes Bestehen feiert. Das Gebäude war ursprünglich das Winterpalais des Prinzen Heinrich, Friedrichs Bruder und wichtigster Feldherr. Derzeit wird geplant, es mit Seitenflügeln und einem rückseitigen Anbau zu vergrößern. Im selben Zuge soll zwischen Universität und Neuer Wache auch eine Unterführung für die Straßenbahn gebaut werden – wie man hört, missfällt dem Kaiser, dass die Elektrische hier bimmelnd die Linden kreuzt. Nach der Elektrifizierung der Berliner Straßenbahn konnte zumindest erreicht werden, dass die störenden Oberleitungen auf dem Boulevard ausnahmsweise durch Unterleitungen ersetzt wurden, was sich aber als zeitaufwendig und zudem störanfällig erwies. Im Vorgarten der Universität stehen Denkmäler für die berühmten Brüder von Humboldt: Staatsmann und Universitätsgründer Wilhelm und Naturforscher Alexander.

Gegenüber ist die Hofoper Unter den Linden |9|, Friedrichs erstes Bauprojekt gleich nach der Thronbesteigung 1740. Schon damals gerühmt, ist sie bis heute der vielleicht wichtigste Kulturort dieser Stadt – wenn auch nicht mehr original, da sie 1843 abbrannte. Der „Platz am Opernhaus" wurde kürzlich, anlässlich des 80. Geburtstages des Kaisers von Österreich, in „Franz-Joseph-Platz" umbenannt. Darauf eine Statue der Kaiserin Auguste.

In der hinteren Ecke des Platzes steht die Hedwigskirche |10|, die Friedrich dem römischen Pantheon nachbilden ließ. Der Bau einer katholischen Pfarrkirche in einer protestantischen Hauptstadt, noch dazu an so prominenter Stelle, darf bis heute als besonderer Ausdruck friderizianischer Toleranz gelten. Beherrschendes Gebäude am hübsch begrünten Franz-Joseph-Platz aber ist die Königliche Bibliothek (1780) |11|, eigentlich eine Kopie des Michaelertrakts der Wiener Hofburg, der aber erst 1893 fertiggestellt wurde – der seltene Fall einer Kopie, die dem Original um über einhundert Jahre voranging! Die Bibliothek ist mit über 1,3 Millionen Büchern die größte des deutschen Sprachraums. Der Spruch „Nutrimentum Spiritus" über dem Eingang stammt noch aus Friedrichs Zeit. Die geistige Nahrung ist aber derart im Wachsen begriffen, dass die Bücher bald umziehen müssen: Neben der Universität lässt der Kaiser gerade eine neue Bibliothek errichten. Die „Kommode", wie die Berliner das alte Gebäude liebevoll-despektierlich nennen, soll dann der Universität zugeeignet werden. Der Neubau aber, das ist bereits sichtbar, wird mit 170 Metern Länge und 107 Metern Breite einer der größten Berlins.

Fast unterschlagen hätten wir ein Gebäude, das sich zwar stattlich, aber auch ein wenig unpassend zwischen Kirche und Bibliothek ausdehnt: Das Gebäude der Dresdner Bank zollt an diesem herrschaftlichen Ort dem Kommerz Rechnung. Immerhin wählte der Architekt Ludwig Heim die Form eines italienischen Renaissancepalastes.

Zurück zum erwähnten Reiterstandbild. Der an Verdiensten größte König Preußens sitzt hoch zu Ross auf einem hohen Sockel mit reichem Figurenschmuck. Die Verzierungen sind eine Lektion in preußischer Geschichte – zum einen, weil hier wichtige Persönlichkeiten versammelt sind, die den Patrioten geläufig sein müssen. Zum anderen wegen der Betonung des Politisch-Militärischen: Die Kultur, dem großen Fritz kaum weniger bedeutend als Kriegs- und Staatskunst, ist nur spärlich durch Kant, Lessing und den Komponisten Carl Heinrich Graun vertreten. Der große König wird stets zeitgemäß gesehen, sodass jeweils die Facetten seiner kontrastreichen Regierung betont werden, die der Gegenwart besonders wichtig erscheinen. Enthüllt wurde die Skulptur 1851, davor tobte ein heftiger „Kostümstreit" um die Frage, ob der König nicht antikes Gewand tragen solle. Wie alle wichtigen Denkmäler der Stadt ist es eisern umzäunt, was dem mitunter allzu neugierigen Volk den nötigen Abstand und Respekt zum hier Geehrten abverlangt.

Gegenüber vom Standbild steht das klassizistische Palais von Kaiser Wilhelm I., dem Großvater des jetzigen Kaisers – der wohnte dort schon als Prinz alljährlich über den Winter. Wilhelm I. folgte seinem kinderlosen Bruder auf den Königsthron und wurde 1871 Kaiser. Aus dem Palais wollte er jedoch nie ausziehen. Zu seinen Lebzeiten versammelte sich täglich kurz vor 11 Uhr vormittags eine kleine Menschenmenge und schaute erwartungsvoll zum Eckfenster im Parterre, weil dann der alte Kaiser die Wachablösung gegenüber zu verfolgen pflegte. Heute ist das Palais eine Wallfahrtsstätte für den „Heldenkaiser", und zu Gedenktagen kommt sein Enkel Wilhelm II. mit Familie hierher.

Wir entfernen uns für einen Abstecher von den Linden, um den Gendarmenmarkt zu betrachten, dessen Aussehen ebenfalls auf Friedrich den Großen zurückgeht. Im Wettbewerb um den schönsten Platz der Reichshauptstadt rangiert er weit vorn. Zwar hatte Friedrich für Berlin nicht allzu viel übrig, wusste aber, dass seine Hauptstadt nach etwas aussehen musste – und er war leidenschaftlicher Bauherr. Während sein Lindenforum wegen der langen Entstehungszeit und mehrmaliger Umplanungen eigenwillig und alles andere als nach barocker Achsensymmetrie geriet, kommt der Gendarmenmarkt akkurat spätbarock daher. Die Zwillingsbauten Französischer und Deutscher Dom ließ der König als reine Schmuckbauten errichten, die eigentlichen Kirchen der deutschen und der französischen Hugenottengemeinde dahinter gab es bereits. Vor dem nach griechischem Vorbild erbauten Schinkel'schen Schauspielhaus, Ersatz für das Nationaltheater des Architekten Langhans, steht das Denkmal Schillers. Das Haus fasst 1120 Zuschauer und wird elektrisch beleuchtet.

Zurück auf den Linden, promenieren wir auf dem begrünten Mittelstreifen, der für Fußgänger und Reiter reserviert ist. Links folgt alsbald die prachtvolle russische Gesandtschaft, in der der Zar logiert, wenn er Berlin besucht – ein angeheirateter Cousin des Kaisers. Vorbei an eindrucksvollen Hotels und Bürogebäuden erreichen wir das Brandenburger Tor |**12**|, das schon bald weiß zwischen den Linden aufblitzt. Erbaut Ende des 18. Jahrhunderts, hat es als einziges Stadttor die Auswucherung der

Stadt überlebt. Nicht nur weil es das schönste ist, sondern auch wegen der historischen Bedeutung wurde es verschont: Als Napoleon 1806 Berlin eroberte, marschierten hier die siegreichen Truppen hindurch. Als der unersättliche Kaiser der Franzosen besiegt worden war, wurde das Karree in Pariser Platz umbenannt. Seither hat es zahlreiche Paraden gegeben, und namentlich Kaiser Wilhelm II. ist ein großer Anhänger davon. Die letzte wurde 1909 abgehalten, anlässlich des Besuchs des britischen Königs Eduard VII., einem Onkel des Kaisers. Das Tor ersetzt seit 1792 das alte, ungleich bescheidenere Stadttor und komplettierte sozusagen eine Achse, die zu würdigen wir uns umdrehen müssen: Nun geht der Blick ostwärts in die Stadt, die Linden entlang. Betritt man Berlin durch das Brandenburger Tor, durchschreitet man ein nach dem Vorbild der Athener Propyläen errichtetes Prachtportal und sieht auf den schönsten Boulevard der Stadt in Richtung Schloss, wo mit Portal III der römischen Antike gehuldigt wurde. Vor einigen Jahren gab es Pläne, das Tor freizustellen, auch wurde erwogen, es zum Zwecke besserer Verbindungen mit der Straßenbahn zu untertunneln. Daraus wurde aber nichts.

Trotzdem hat sich in den vergangenen Jahrzehnten viel verändert. Wie rüde mit großer Baukunst umgegangen wird, erweist sich am luxuriösen Hotel Adlon vis-à-vis des Tores. Es nimmt etwas klobig den Raum zweier

Blick aufs Brandenburger Tor. Die Lenkerin der Quadriga, Friedensgöttin Eirene, wurde nach dem Sieg über Napoleon zur Siegesgöttin Viktoria.

früherer Palais ein, von denen eins bis heute gerühmt wird: das Palais Redern, dem Schinkel meisterhaft ein klassizistisches Aussehen gegeben hatte. Aber die neue Zeit obsiegte auch hier, und dass der Kaiser das Hotel häufig mit seiner Anwesenheit beehrt, gilt als Rechtfertigung für den Abriss. Seine Unterstützung des Neubaus ließ den regen Protest ins Leere laufen. Auch andere Gebäude des Platzes lohnen einen Blick: Rechts neben dem Adlon das Palais Arnim-Boitzenburg, das seit einigen Jahren die Preußische Akademie der Künste beherbergt. Sodann das Palais Blücher jenes Feldmarschalls, der nach dem Sieg über Napoleon die entführte Quadriga zurückholte – die Berliner kennen seither den Begriff „Retourkutsche".

Gleich rechts neben dem Tor wohnt ein Berliner Original, dessen Kunst beim Kaiser wenig Gefallen findet: der Maler Max Liebermann. Auf der anderen Seite des Platzes ist das Gebäude der Französischen Gesandtschaft, die hier schon seit einem halben Jahrhundert residiert.

Gehen wir also durch das Tor – der mittlere, etwas breitere Durchgang ist allerdings für die kaiserliche Familie reserviert. Auf der anderen Seite des Tores ging es einst zur herrschaftlichen Jagd in den Tiergarten. Der ist heute eine erholsame Zuflucht der großstadtgebeutelten Berliner – Friedrich der Große ließ den Tiergarten in einen Park umwandeln. Die Elektrische fährt von hier in Richtung Charlottenburg, Potsdamer Platz oder am Reichstag vorbei beziehungsweise zurück in die Stadt, auch Doppeldecker-Omnibusse sind verfügbar. Empfehlenswert ist auch eine Kutschfahrt durch den Tiergarten.

VOM REICHSTAG ZUM PREUSSISCHEN HERRENHAUS

Am Königsplatz stehend, vor dem Reichstag |1|, muss man nicht nur des Platznamens wegen auf die Herrschenden zurückkommen. Der Kaiser hat aus seinem Widerwillen gegen das Parlament nie einen Hehl gemacht, seine Bezeichnungen „Reichsaffenhaus“ und „Schwatzbude“ sind längst sprichwörtlich. Man könnte sagen, dass er ja schon von Berufs wegen die Institution ablehnen muss, zumal er als deutscher Kaiser über das Reich keine absolute Fürstenmacht ausüben kann, sondern mehr eine Art Präsident darstellt – und von einem Parlament abhängig ist, das ihn diese Abhängigkeit auch spüren lässt.

Das Reichstagsgebäude wurde 1894 eröffnet, zehn Jahre nach der Grundsteinlegung, im exklusiven Alsenviertel vor den einstigen Toren der Stadt. Es wird begrenzt von der Spree mit dem dahinterliegenden, eindrucksvollen Lehrter Bahnhof, dem Tiergarten und den Ausläufern der alten Stadt im Osten.

Ursprünglich erstreckte sich das hohenzollersche Jagdgebiet Tiergarten bis hierher, später wurde hier ein Exerzierplatz eingerichtet, wie sie die Stadt früher zuhauf besaß. Im 19. Jahrhundert gestaltete Lenné den Königsplatz als schmucke Anlage, mit dem Krollschen Etablissement auf der einen und dem Raczynski-Palais auf der anderen Seite. Letzterer wurde für den Reichstag abgerissen. Nach der Reichsgründung 1871 dauerte es eine Weile, bis man sich auf das Gebäude verständigt hatte, das der Kaiser schließlich als „Gipfel der Geschmacklosigkeit" bezeichnete. Die Eröffnung der ersten Reichstagssitzung vollzog der Kaiser im Weißen Saal des Schlosses, anschließend begaben sich die Abgeordneten als Gäste ins Preußische Abgeordnetenhaus. Später diente ein Behelfsbau unweit des Leipziger Platzes als Domizil, dessen Atmosphäre von den Abgeordneten überaus geschätzt wurde.

Schneller errichtet war die dreiteilige Siegessäule **|2|** auf dem Königsplatz in Erinnerung an die drei „Einigungskriege" gegen Dänemark, Österreich und Frankreich, deren Ergebnis die Reichsgründung war – und der Aufstieg des preußischen Königs zum Deutschen Kaiser. Hoch oben thront Siegesgöttin Victoria, die von den Berlinern „Goldelse" genannt wird. Die Siegessäule wurde am 2. September 1873 eingeweiht, dem dritten Jahrestag der Schlacht von Sedan. An ihr prangen vergoldete Kanonenrohre – Kriegsbeute besagter Feldzuge. So mancher Berliner weiß zu berichten, man habe damals gar nicht genug Kanonen erbeutet, weshalb einige Holzattrappen gefertigt und vergoldet worden sind. Wie auch immer, die Fürsten mochten es gutheißen, dass mit diesem Denkmal direkt vor dem Reichstag die Parlamentarier daran erinnert werden, wem sie ihre Institution verdanken: der preußischen Armee, nicht etwa einer Revolution, Gott bewahre.

Nicht ohne Grund wurde der Siegessäule noch ein Denkmal zur Seite gestellt, das riesige Bismarck-Denkmal, für das der gesamte Platz umgestaltet werden musste. 1901 eingeweiht, ehrt es den Reichsgründer und -kanzler als 15 Meter hoch aufragender Heros in Bronze, sekundiert von Siegfried, Germania, Sibylle und Atlas, und ist ein Pendant zum Nationaldenkmal vor dem Schloss. Auf den anderen Seiten der Säule sind die Standbilder der Generäle Roon und Moltke.

Der Reichstag mit der Siegessäule. Sie erinnert an die Kriege gegen Österreich, Dänemark und Frankreich, die der Reichsgründung 1871 vorausgingen.

Die politische Symbolik setzt sich fort: Die vier Eckmassive des Reichstags verweisen auf die vier deutschen Königreiche Preußen, Bayern, Sachsen und Württemberg, deren Wappen auch das Eingangsportal zieren – darunter und kleiner sind die Wappen der übrigen deutschen Länder. Überaus üppig ist der Figurenschmuck an der Fassade, aber hoch über dem Portal fehlt etwas: Dort sollte eigentlich längst die Inschrift „Dem Deutschen Volke“ prangen, das aber wusste angeblich der Kaiser zu verhindern.

Die rechteckige Kuppel aus grünem Glas ist mit über 74 Meter höher als die des Schlosses und ein Meisterstück moderner deutscher Ingenieurskunst. Darunter befindet sich der zur besseren Akustik holzgetäfelte Plenarsaal von 650 Quadratmetern Fläche. Auf den Tribünen über dem Halbrund der Abgeordneten nehmen Besucher und Diplomaten Platz – die kaiserliche Tribüne aufzusuchen hat Wilhelm II. bisher abgelehnt. Dafür ist er seit einigen Jahren selbst Gegenstand von Reichstagsdebatten geworden – unter seinem Großvater Wilhelm I. wäre das undenkbar gewesen. Für Besucher ist der Zutritt zur Besuchertribüne übrigens frei, aber natürlich begrenzt. Das große Interesse hat daher zu einem regen

Das Denkmal für den Reichsgründer Fürst von Bismarck auf dem Königsplatz vor dem Reichstag.

Handel mit Billetts geführt. Noch zu Bismarcks Zeiten soll der Eintritt für seine berühmten Reden (im alten Reichstagsgebäude) bis zu 500 Reichsmark gekostet haben!

Das von Paul Wallot entworfene Gebäude zog viel Kritik auf sich, böse Zungen nannten es „Leichenwagen erster Klasse“ (Stadtbaurat Ludwig Hoffmann) oder „schlecht imitierte Augsburger Truhe“ (Publizist Harry Graf Kessler). Etwas besser gelaunt schrieb der Dichter Frank Wedekind:

„Ich habe im Laufe des Jahrhunderts gesehen
Viele Parlamentshäuser entstehen.
Wie kommt es, dass das deutsche an der Kuppel Statt
Einen Bonbonnieren-Deckel hat?“

Dabei sollte es doch die Kuppel der Nation sein, schließlich errang der Reichstag einigen Anteil an der nicht geringen Aufgabe, im ersten deutschen Nationalstaat die vielen deutschen Landschaften und Gesinnungen zusammenzubringen. Und das prachtvolle Äußere war vor allem von den republikanischen Abgeordneten gewollt, um das Parlament mit seinem Gebäude würdig aufzuwerten. Der Kaiser selbst hätte die ungeliebte Institution lieber in einem Haus gesehen, das äußerlich einer beliebigen

Kompromisse im und am Gebäude

Architekt Paul Wallot musste beim Entwurf des Reichtags viele Rücksichten nehmen: Nicht nur war der Bauplatz zu klein, um im Gebäude alles Notwendige unterzubringen. Das ist ein Ärgernis für die Reichstagsabgeordneten, da kein Platz für ihre Büros war. Vor allem aber sollte sich auch am Baustil die Vereinigung der deutschen Länder ausdrücken. Wallot schuf daher eigens den sogenannten „Reichsstil" – die Bevorzugung eines geographisch geprägten Stils wäre nicht durchsetzbar gewesen. Zu sehr verbindet man das Gotische mit dem Rheinland, das Barocke mit dem Süden, das Klassizistische mit Preußen. Es musste aber ein Haus für ganz Deutschland werden, das 1871 erstmals vereinigt wurde. So drückt sich am Gebäude auch der Arbeitsstil im Parlament aus: Kompromisse ermöglichen mehrheitsfähige Entscheidungen.

Behörde gleicht. Jenseits dessen lässt sich über Geschmack, zumal in der Architektur, wie immer trefflich streiten.

Gewählt werden die Abgeordneten nach allgemeinem Wahlrecht von männlichen Bürgern des Reiches über 25 Jahre. Das Parlament besitzt für das Deutsche Reich Haushaltsrecht und wirkt maßgeblich an der Gesetzgebung mit – ohne seine Zustimmung erlangt kein Gesetz Gültigkeit. Der eigentlich gesetzgebende Bundesrat kommt also an der demokratischen Instanz nicht vorbei und der Reichstag kann seine Aufgaben in größerem Maße als erwartet wahrnehmen. Die 397 Abgeordneten klagen übrigens seit dem Einzug in das neue Gebäude über Platzmangel, denn für ihre Arbeit brauchen sie mehr als Plenarsaal, Restaurant und Wandelgänge.

Wir nehmen den Weg durch den Tiergarten über die Siegesallee, die von der Siegessäule schnurgerade nach Süden verläuft, bis zur Charlottenburger Chaussee. Die Siegesallee ist noch bedeutend länger, sie führt bis zum Kemperplatz am Südrand des großen Parks. Die Berliner nennen sie „Neue Invalidenstraße" oder „Puppenallee". Ihr Figurenschmuck wurde 1901 fertiggestellt – er gilt als Herzensprojekt des Kaisers, der damit vor allem seine Vorfahren ehrte – und zwar zurück bis zu den Anfängen auf brandenburgischem Boden. Natürlich handelt es sich hier aber nicht um eine Familienangelegenheit, denn es geht um die Pracht und Herrlichkeit der Dynastie, die seit nunmehr fünf Jahrhunderten regiert – über einen Staat, der immer größer wurde und inzwischen den Kaiser

Der Kaiser ehrt seine Ahnen

In seiner ankündigenden Rede zur Errichtung der Siegesallee sagte Wilhelm II. 1895: „Als Zeichen Meiner Anerkennung für die Stadt und zur Erinnerung an die ruhmreiche Vergangenheit unseres Vaterlandes will Ich daher einen bleibenden Ehrenschmuck für Meine Haupt- und Residenzstadt Berlin stiften, welcher die Entwickelung der vaterländischen Geschichte von der Begründung der Mark Brandenburg bis zur Wiederaufrichtung des Reiches darstellen soll. Mein Plan geht dahin, in der Siegesallee die Marmor-Standbilder der Fürsten Brandenburgs und Preußens, beginnend mit Albrecht dem Bären und schließend mit dem Kaiser und König Wilhelm I., und neben ihnen die Bildwerke je eines, für seine Zeit besonders charakteristischen Mannes, sei er Soldat, Staatsmann oder Bürger, in fortlaufender Reihe errichten zu lassen. Die Kosten der Gesamtausführung will Ich auf Meine Schatulle übernehmen."

des vereinigten Deutschen Reiches stellt. Die stolze Herrscherfolge in Marmor beginnt mit Albrecht dem Bären bei den Askaniern des Mittelalters.

In chronologischer Folge dürfen 32 Figurengruppen bewundert werden, die aus jeweils einem Fürsten, zwei Assistenzfiguren und einer steinernen Bank bestehen, die vielleicht den Zweck hat, dem Betrachter genügend Muße zu ermöglichen, um in des Kaisers Auftrag zu reflektieren: „Ich erwarte, dass die Bürgerschaft Berlins dieses mein Geschenk allezeit in Ehren halten wird und noch zukünftige Geschlechter sich beim Anblicke der Männer aus vergangener Zeit gegenwärtig halten werden, was sie Thron und Vaterland an Treue und Aufopferung schuldig sind." Männer, in der Tat. Das einzige Frauenzimmer ist die hohenzollersche Stammmutter Elisabeth, die in Gruppe 15 auf einem Relief noch dazu fromm betend abgebildet ist – ansonsten ist ausschließlich das starke Geschlecht vertreten.

Wir folgen der Siegesallee nur ein Stück und passieren daher nur die Skulpturengruppen vierer Markgrafen der Askanier rechter Hand, denen drei Preußenkönige und Kaiser Wilhelm I. gegenüberstehen. An der kreuzenden Charlottenburger Chaussee, die vom Brandenburger Tor |**3**| in westlicher Richtung durch den Tiergarten zum Charlottenburger Tor führt, wenden wir uns nach links und genießen noch ein wenig die vorstädtische Ruhe, wenn auch die Elektrische selbst den Tiergarten nicht mit ihrem aufgeregten Gebimmel verschont. Hier am Platz vor

Die Siegesallee zwischen Königsplatz und Kemperplatz ist ein beliebtes Ziel für sonntägliche Ausflüge.

dem Tor stehen die Denkmäler für des Kaisers Eltern, Kaiser und Kaiserin Friedrich, die in Kunst- und anderen Dingen entschieden progressiver als ihr Sohn waren. Der Platz vor dem Brandenburger Tor könnte ebenso gut Platz des 18. März heißen, denn hier kamen viele der Revolutionäre von 1848 zu Tode, die als Märzgefallene in die Geschichte eingingen. Weil politische Versammlungen innerhalb der Stadtmauern untersagt waren, versammelte man sich vor den Toren der Stadt. So mag ein aufmerksamer Politiker ins Nachdenken gekommen sein, wenn er schließlich den Pariser Platz überquert, das Hotel Adlon passiert und rechts in die Wilhelmstraße einschwenkt, wo gleich neben dem Hotel in einem lang gestreckten, zweistöckigen Gebäude mit Säulenportikus die Gesandtschaft des Königreiches Großbritanniens logiert – im früheren Wohnhaus des Eisenbahnkönigs Strousberg, das bis heute für Luxus und technische Raffinesse berühmt ist.

Die Wilhelmstraße – sie ist dem Ausland Synonym für die deutsche Reichsregierung. Die Pariser Blätter verweisen auf „La Wilhelmstraße“, wenn in der Reichshauptstadt Entscheidungen getroffen werden, denn hier versammeln sich auf einem vergleichsweise kurzen Stück die meisten Ministerien des Reiches. Entsprechend das Flair: würdevoll, gepflegt, aber trotz der Sauberkeit auch ein wenig angestaubt. Zylinderhüte dominieren das Bild und große schwarze Automobile oder Equipagen mit livrierten Kutschern. Entscheidungsmeile war die Wilhelmstraße aber schon vor der Reichsgründung, seit im früheren 19. Jahrhundert mehr und mehr Adelspalais zu preußischen Ministerien wurden. Dass hier am Stadtrand Adelsfamilien residierten, ist auch der Grund für die Ministergärten, die hinter den Palais an die frühere Stadtmauer an der Königgrätzer Straße grenzen. Benannt ist die Wilhelmstraße übrigens nach Friedrich Wilhelm I., dem Soldatenkönig. Ihre Karriere als Regierungsmeile begann bereits 1799, als der König für seinen Großkanzler und Justizminister ein Palais erwerben ließ. Später ging man planmäßig daran, aus der höchst vorzeigbaren Straße eine Regierungsmeile zu machen und die eine oder andere Fassade architektonisch aufzuhübschen. Mit der Reichsgründung stieg der Platzbedarf abermals, sodass Bestehendes erweitert und Neues hinzugefügt wurde. Wir passieren nacheinander das Ministerium des Königlichen Hauses, das Reichsministerium des Inneren und das Auswärtige Amt (alle rechter Hand) sowie links nach der Italienischen Gesandtschaft das Justizministerium, das Civilkabinett |4|, das Staatsministerium und das Reichskolonialamt. Dann folgt auf der linken Seite das Palais des Prinzen Friedrich Leopold. Herz der Regierungsstraße ist, schräg gegenüber, selbstverständlich das Palais des Reichskanzlers |5|, der im vormaligen Palais Radziwill in einem imposanten Bau mit großem Ehrenhof residiert. 1878 nahm hier Fürst Bismarck Wohnung, dem bei seiner bis heute hochgerühmten Arbeit für Preußen und das Reich keine zehn Mitarbeiter zur Verfügung standen. Weiter unten folgen noch das Ministerium für öffentliche Arbeiten, sowie in der benachbarten Voßstraße das Reichsjustizamt und das Reichsschatzamt an der Ecke zum Wilhelmplatz.

Nicht nur die gediegenen früheren Adelsdomizile tragen zur würdigen Atmosphäre der Wilhelmstraße bei, auch der Wilhelmplatz gegenüber dem Eingang zur Voßstraße ist ein echtes Schmuckstück. Mit verschwenderischer Pracht bepflanzt und von den Statuen preußischer Generäle aus friderizianischer Zeit bewehrt, wird er von weiteren eindrucksvollen Gebäuden umschlossen. Mit der Erhabenheit hat es allerdings auch eine recht nüchterne Bewandtnis, von quirlig-städtischer Atmosphäre mit abwechslungsvollem Straßenleben und Cafés mit Außenbereich, wie sie für Berlin so typisch sind, ist hier keine Spur. Das eindrucksvollste Gebäude des Platzes aber, das Grandhotel Kaiserhof |6|, macht den Mangel ein wenig wett. Als es vor einigen Jahrzehnten gebaut wurde, musste ein ganzes Häuserkarree weichen, dafür aber wurde es außer luxuriös auch sehr modern. Es war das erste Hotel, dessen Zimmer über Strom, Telefon und Bad verfügten, sodass es bis zur Eröffnung des Adlon unangefochten das beste Haus der Stadt war. Kaiser Wilhelm I. bezeichnete es einmal als

Das Preußische Herrenhaus an der Leipziger Straße. Es steht Rücken an Rücken mit dem Abgeordnetenhaus, die zweite Parlamentskammer des Staates Preußen.

„Denkmal des Bürgerfleißes". Bismarck hielt hier 1878 den Berliner Kongress ab, der sich mit den Problemen auf dem Balkan befasste.

Wir setzen unseren „politischen" Spaziergang noch ein Stückchen fort und kommen zur Ecke Leipziger Straße, die den Berlinern als Kaufstraße bekannt ist, weil hier die großen Kaufhäuser ihren Sitz haben. Die kümmern uns einstweilen nicht, stattdessen werfen wir einen Blick auf das riesige Gebäude des Preußischen Kriegsministeriums in der Leipziger Straße 5. Gleich daneben auf einem Grundstück, das zur Hälfte das des alten Reichstagsprovisoriums war, befindet sich das Preußische Herrenhaus |7|, als eindrucksvoller Dreiflügelbau mit großem Ehrenhof 1904 fertiggestellt. Es beherbergt die erste der beiden Kammern des preußischen Parlaments und umfasst erbliche und ernannte Mitglieder, während das Abgeordnetenhaus die gewählten Volksvertreter aufnimmt. Das Abgeordnetenhaus wurde auf der anderen Seite des großen Grundstückes gebaut und hat seinen Eingang an der Prinz-Albrecht-Straße. Der Blick geht weiter zu den belebten Leipziger und Potsdamer Plätzen, aber wir beenden hier unseren „politischen" Spaziergang. Zahlreiche Linien der Elektrischen bieten sich zur Weiterfahrt an.

VOM PRENZLAUER TOR ZUM ZENTRALVIEH- UND SCHLACHTHOF

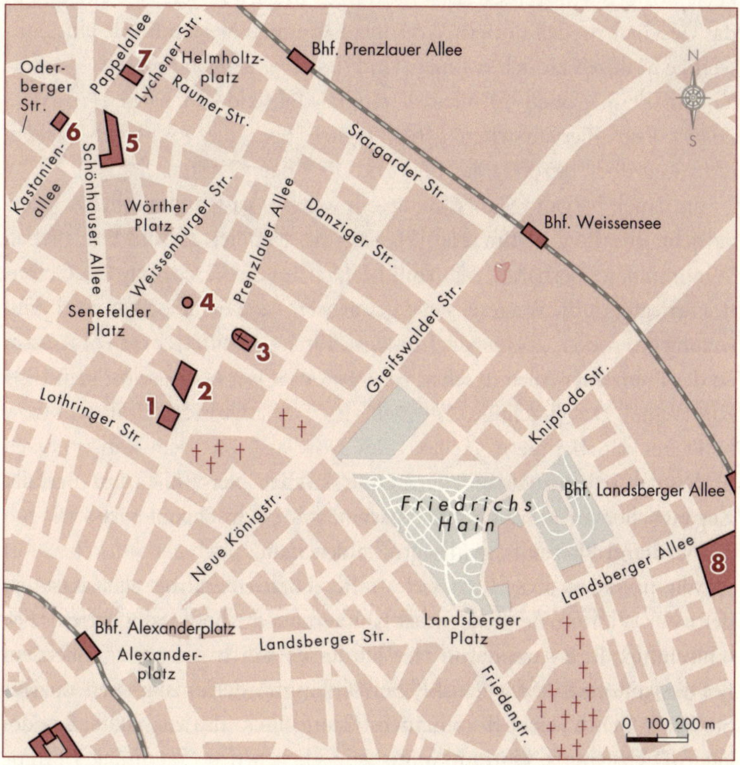

Ein Spaziergang ins neue Berlin lässt sich wunderbar an einem der früheren Stadttore beginnen, die allerdings mit Ausnahme des Brandenburger Tores vor einigen Jahrzehnten allesamt abgerissen wurden – die Stadt hatte ihre alten Grenzen längst gesprengt.

Am Übergang der Prenzlauer Straße zur Prenzlauer Allee, an der Ecke Lothringer Straße, stand einst das Prenzlauer Tor. Gleich dahinter geht es für Berliner Verhältnisse steil bergauf zum Windmühlenberg. Friedrich der Große ließ hier einst Windmühlen errichten, von denen die letzte leider vor wenigen Jahren abbrannte. Ländlich geht es nicht mehr zu, eher gleicht die Gegend einem Vorort, dem man bei der Verstädterung regelrecht zusehen kann.

Die Friedhofsmauer rechter Hand ist gleichzeitig Stadtmauer. Gegenüber wird gerade der neue Hauptsitz der Firma Aschinger fertiggestellt |1|, die seit einigen Jahren die Stadt mit Schnellrestaurants beglückt. Bald werden hier das Fleisch vorbereitet und die Schrippen gebacken, die in den Restaurants, Bierglocken und Konditoreien des Erfolgsunternehmens kostenlos gereicht werden. Das Aschinger-Imperium wächst weiter, denn das Geschäftsmodell floriert: Wo sonst kann man in Windeseile eine vollwertige Mahlzeit zu sich nehmen, und das zu günstigen Preisen? Also sollen auf dem großen Fabrikareal einmal Tausende Menschen arbeiten. 20 000 Paar Bierwürstchen gehen täglich über die Aschinger-Theken, dazu weit über 100 000 Glas Bier und über neun Zentner Senf.

Ein Stück bergan residiert heute ein weiteres gastronomisches Schwergewicht: die Bötzow-Brauerei |2|. Seit die Familie, die die königlichen Windmühlen übernahm, sich vom Mahlen auf die Veredelung des Getreides verlegte, ist die Brauerei stetig gewachsen – die Familie ist so reich und wichtig geworden, dass sie die Immanuelkirche |3| stiftete, deren Spitzturm an der Prenzlauer Allee zu sehen ist. Das Kaiserpaar höchstselbst kam 1893 zur Weihe! Das prächtige Anwesen des Firmengründers Julius Bötzow heißt bei den Berlinern „Schloss des Nordens“, was dem konservativen und sehr selbstbewussten Firmenpatriarchen vermutlich gut gefällt. Zugänglicher für uns ist der Biergarten, mit eindrucksvollem Portal und sechstausend Plätzen ist er der größte der Stadt.

Wir passieren aber noch viele weitere Brauereien mit Schankgärten, denn der Windmühlenberg ist seit Jahrzehnten der Berliner Brauereibezirk schlechthin. Ihre Ansiedlung hier wurde steuerlich gefördert, außerdem bot die Anhöhe die Möglichkeit, zur Kühlung Tiefkeller zu graben, was anderswo in Berlin wegen des feuchten Untergrunds schwierig ist. Außerdem liefern Tiefbrunnen bestes Brauwasser. Gehen wir die Saarbrücker Straße entlang und passieren die Königstadt-Brauerei, deren Anwesen inzwischen bis zum Senefelder Platz reicht, von dem aus die Besiedlung der Gegend begann. Hier also muss man auf die Zeiten verweisen, als nördlich der Stadt nicht viel los war. Ein Stück bergab befand sich das Vorwerk der Kurfürstin, wo man produzierte, was bei Hofe verspeist wurde. Auch viele Berliner Familien hatten auf dem Windmühlenberg Äcker und kleine Landwirtschaften. Solange es hier noch ländlich-bäuerlich zuging, vergnügten sich die Berliner an den Sonntagen mit Ausflügen, weswegen Ausflugsgärten mit Schankbetrieb entstanden. Mitte des 19. Jahrhunderts

Gegen den Hunger der Großstadt

Aschinger ist eine Institution in Berlin und stets für Superlative gut. 1892 eröffneten die Württemberger Brüder Karl und August Aschinger ihre erste Bierquelle, rasch folgten weitere. Das ständig wachsende Unternehmen wurde ab 1900 in eine Aktiengesellschaft umgewandelt, die derzeit zum Imperium anschwillt.

Nicht nur schießen die Lokale der Restaurationskette wie Pilze aus dem Boden, auch die zentralen Versorgungsbetriebe haben beeindruckende Kapazitäten. In einem der zentralen Aschinger-Herstellungsbetriebe unter den Stadtbahnbögen am Alexanderplatz beispielsweise gibt es einen gigantischen Eierkocher, der fast eintausend Eier gleichzeitig hart kocht. Die finden sich dann stadtweit in den Auslagen der Aschinger-Schnellrestaurants oder als Soleier auf den Theken der Bierglocken. Viele Dutzend Küchenmädchen sind außerdem damit beschäftigt, von früh bis spät Kartoffeln zu schälen. Auch die Aschinger-Bäcker backen Schrippen im Schichtbetrieb – die sind besonders beliebt, weil man sie kostenlos zum Essen gereicht bekommt.

begann hier vor den nördlichen Stadttoren die Bautätigkeit, weil die Stadt zu eng geworden war. Gebaut wurde zunächst entlang der alten Landstraßen, hier am Platz die Schönhauser Allee. 1862 erstellte ein weitsichtiger Mann namens James Hobrecht einen Entwicklungsplan für Berlin, der noch immer in Kraft ist. Er sah für den früheren Windmühlenberg eine städtische Entwicklung vor und plante die Erweiterung Berlins überaus großzügig. Damals hielten ihn viele für größenwahnsinnig, heute sind die Berliner Hobrecht für den Maßstab seines Denkens und Planens dankbar. Kaum auszudenken, was angesichts des ungebremsten Wachstums der Stadt und ihrer Umgebung noch vor uns liegt! Zuerst wurde entlang der Stadtmauer gebaut, dann war das gesamte Gebiet bis zur ersten Radialverbindung der Danziger Straße an der Reihe.

Die Fortsetzung gen Norden ist längst im Gange, begünstigt durch steigende Immobilienpreise und wachsende Renditen für Investoren. Gut möglich, dass uns auf unserem Weg durch den einstigen Windmühlenberg Verwunderung überkommt, weil ein noch recht neu aussehendes Haus bereits wieder abgerissen wird – um ein oder zwei Stockwerke mehr herauszuschlagen. Auch einst großzügig bemessene, begrünte Hinterhöfe werden

Geordnete Stadtentwicklung

Fast schon ein halbes Jahrhundert alt ist der Hobrechtplan, dessen damals 33-jähriger Urheber James Hobrecht sich 1862 kaum hätte träumen lassen, dass sein Werk so lange die Entwicklung Berlins gestalten würde. Außer Berlin wurden bereits Teile des Umlandes einbezogen und in vierzehn Abteilungen gegliedert. Für noch unbebaute Flächen wurde ein Rastersystem von Straßen festgelegt, die Stadt sollte ein Ringstraßensystem wie Paris erhalten, dazu Ausfallstraßen. Breite Straßen, gärtnerisch angelegte Plätze und Grünzüge sollten den Berlinern gute Luft zum Atmen garantieren. Baurat Hobrecht sah wegen der Durchlüftung großzügige Straßen von bis zu 53 Metern Breite vor. Er konnte weder die enorme Bedeutung der elektrischen Straßenbahn noch die Erfindung des Automobils vorhersehen – und doch kommt diesen technischen Errungenschaften sehr zugute, was James Hobrecht einst entwarf.

mit Rückgebäuden versehen, um mehr Wohnungen unterbringen zu können. Gelegentlich gibt es ältere zweigeschossige Wohnhäuser, zu denen sich vier- oder gar fünfgeschossige Hinterhäuser gesellen!

Auf der gegenüberliegenden Seite des Senefelder Platzes residiert mit Pfeffer eine weitere Brauerei mit Biergarten – und weil man längst mühelos mit der Elektrischen hierhergelangt, sind die Lokale in den Sommermonaten auch unter der Woche gut besucht. Wir wenden uns nach rechts, vorbei am Denkmal für Alois Senefelder, der die für den Buchdruck so wichtige Lithographie erfand und dafür hier geehrt wird. Wir nehmen die Weissenburger Straße bergan, an der zweiten Ecke geht es rechts durch die Belforter Straße zum Wasserturm |4|, Wahrzeichen der Gegend. Auch dies ist ein Stück neues Berlin, denn ab 1856 wurde ein Großteil der Stadt mittels natürlichem Gefälle aus dem hiesigen Reinwasserbassin mit frischem Trinkwasser versorgt. Der schmale Steigrohrturm diente als Sicherheitsventil. Zuvor hatte jedes Berliner Haus einen eigenen Brunnen, fortan aber entnahm man der Spree vor dem Eintritt ins Stadtgebiet Trinkwasser, das gefiltert und hierher gepumpt wurde. Später kam das Wasser aus dem Tegeler See, inzwischen gar vom fernen Müggelsee. Als Reservoir errichtete man den Wasserturm, der vor einigen Jahren aufgestockt wurde. Nirgendwo in Deutschland findet sich ein moderneres Trinkwassersystem! Unterhalb des Reservoirs sind übrigens Dienstwohnungen für die Angestellten des Wasserwerks untergebracht. Wir umrunden das Areal und gehen zum Wörther Platz. Das kleine Viertel wird auch Generalsviertel genannt, weil hier höhere Militärränge umliegender Garnisonen mit ihren Familien recht gediegen wohnen. Im Haus Weissenburger Straße, Ecke Wörther Platz wohnt allerdings eine bescheidene, gleichwohl von vielen hoch geehrte Künstlerin: Käthe Kollwitz, deren Arbeiten für den Kaiser in die Kategorie „Rinnsteinkunst" fallen. Wir passieren den gärtnerisch gepflegten Platz und entdecken linker Hand ein Tor mit Davidstern, das auf den sogenannten „Judengang" führt. Er führt zu einem Hintereingang des angrenzenden Jüdischen Friedhofs. Zu den verdienten Persönlichkeiten, die dort begraben wurden, zählen der berühmte Komponist Giacomo Meyerbeer und der nicht minder bekannte Zeitungsverleger Leopold Ullstein.

An der nächsten Straßenecke stoßen wir auf ein großes Areal, das wir links umrunden. Es ist die Brauerei Schultheiss |5| – weit mehr als eine halbe Million Hektoliter Lagerbier werden hier jährlich produziert, entsprechend rege ist der Bierkutscherverkehr über die Schönhauser Allee und die Oderberger Straße hinunter zum Güterverladeplatz der Nordbahn. Es liegt auf der Hand: bei wachsender Stadtbevölkerung steigt auch der Bierdurst. Etwas weiter nördlich, an der Schwedter Straße, ist außerdem der „Exer", einer der vielen Berliner Exerzierplätze, weswegen mitunter Soldaten und Bierkutscher sich um den Platz auf den Straßen zanken. Schultheiss ist hier schon seit Jahrzehnten ansässig, wurde aber in den 1890er-Jahren modernisiert und erweitert. Hinter der burgartigen Fassadengestaltung des Architekten Franz Schwechten, der auch die Charlottenburger Gedächtniskirche und den Anhalter Bahnhof entwarf, würde man modernste Funktionalität kaum vermuten. Die Brauerei ist weitgehend autark und besitzt mehrstöckige Tiefkeller. An der Ecke zur Schönhauser Allee lockt der einladend gestaltete Eingang in den großen Schankgarten. Längst ist uns aufgefallen, dass sich die Brauereien mit ansprechender Gestaltung der Straßenfassaden ihrer Schankgärten gegenseitig zu übertrumpfen suchen.

Wir überqueren die Schönhauser Allee, die mitsamt dem Berliner Norden längst durch eine Untergrundbahn aufgewertet und besser ans Zentrum angeschlossen werden sollte, was durch allerlei Streiterei lange vereitelt wurde. Die Anlieger versuchten, den wirtschaftlicheren Bau einer Hochbahn zu verhindern, weil sie um die Attraktivität ihrer Läden fürchteten. Nunmehr ist die Strecke aber in Bau, kommt allerdings recht spät, weshalb der Norden den Anschluss an die dynamische Entwicklung

Bei zunehmender Verstädterung ringsherum bleibt der Biergarten Prater in der Kastanienallee eine ländliche Oase.

im Rest der Stadt verloren hat. Wir passieren in der Oderberger Straße die große Volksbadeanstalt, die den Anwohnern ein Plus an Körperhygiene ermöglichen soll. Die meisten Wohnungen hier haben kein Badezimmer, weswegen man hier nicht nur im Renaissance-Ambiente stilvoll schwimmen, sondern auch auf mehreren Etagen Wannen- und Brausebäder nehmen kann. Am Portal lässt sich berlingerecht ein Bär von Nixen baden. Wir nehmen rechts die Kastanienallee, deren Name übrigens noch an ländlichere Zeiten erinnert – der Name sollte Ausflügler anlocken. Durchaus passend lädt erneut ein Biergarten zur Einkehr: Der Prater |6| ist Berlins ältester – und da uns noch ein Stück Weges bevorsteht, mag eine Pause angeraten sein.

Frisch gestärkt überqueren wir die große Kreuzung, die als „Ecke Schönhauser" bekannt ist. Hier bekamen 1892 die Berliner Brüder Skladanowsky denkwürdigen Ärger mit der Polizei, weil sie unerlaubt auf dem Dach herumturnten. Dass sie dabei die ersten „lebenden Bilder" auf Zelluloid bannten, interessierte den Gesetzeshüter herzlich wenig. 1879 bereits reüssierten die Skladanowskys mit den ersten Filmvorführungen.

Wir nehmen die Verlängerung der Kastanienallee, die nunmehr Pappelallee heißt. Rechter Hand erreichen wir den Friedhof der Freireligiösen Gemeinde |7|, den wir durchqueren. Innen am Portal steht die Inschrift:

„Schafft hier das Leben gut und schön – kein Jenseits ist, kein Auferstehn". Er wurde 1848 eingerichtet, als rundherum noch kaum Bebauung vorhanden war. In den ersten Jahrzehnten konnte sich hier jeder beerdigen lassen, der kein Mitglied einer Kirchen- oder Synagogengemeinde war, auch Selbstmörder fanden hier ihre letzte Ruhe. Inzwischen ist es die ausschließliche Grabstätte der Freireligiösen, die in Berlin großen Zulauf haben und nebenan einen Festsaal unterhalten. Kürzlich informierte der sozialdemokratische Pastor Paul Göhre, in Berlin werde bereits ein Achtel der Neugeborenen nicht getauft! Viele Vertreter der Arbeiterbewegung wurden hier beigesetzt – unvergessen die Beerdigung der wackeren Gewerkschafterin und Vorkämpferin für Frauenrechte Agnes Wabnitz 1894, die sich der politisch motivierten Einweisung ins Irrenhaus durch Selbstmord entzog. Ihre Beerdigung geriet zur eindrucksvollen Demonstration der proletarischen Klasse, und der Polizeibericht vermerkte säuerlich, es seien für „die Wabnitz" 80 Kränze mehr niedergelegt worden als zur Beerdigung des verstorbenen Kaisers Wilhelm I.

Seit der großen Kreuzung ist die Bebauung erkennbar lockerer, weitgehend geschlossen ist sie bislang nur bis zur Danziger Straße. Doch wir passieren vermessene Bauplätze, Rohbauten und noch feuchte Häuser, die von bedauernswerten „Trockenmietern" bewohnt werden, bis das Wohnen nicht mehr tuberkulosefördernd ist. Diese Mietshäuser sind weniger aufwendig gestaltet als in den breiten Ausfallstraßen, der wissende Blick erkennt zudem Hausbau von der Stange: Mitunter sind drei oder vier Häuser nebeneinander vom exakt gleichen Bautyp, die Grundrisse deckungsgleich, nur die Fassadengestaltung variiert. Ein Standardhaus ist knapp zwanzig Meter lang, hat im Vorderhaus bei vier Geschossen acht Wohnungen, dazu in Hinterhaus und Seitenflügeln weitere zwanzig bis dreißig Wohnungen einfacheren Komforts. Um Kosten zu sparen und Renditen zu steigern, wird jetzt dichter und preiswerter gebaut. Abgesehen von schnell errichteten Spekulantenhäusern gibt es aber auch Wohnblocks von Baugenossenschaften, die mit begrünten Höfen und hellen Wohnungen den Fabrikarbeiterfamilien ebenso gesunden wie erschwinglichen Wohnraum bieten wollen.

Über die Lychener Straße erreichen wir den Helmholtzplatz, der auf dem Grund einer Ziegelei angelegt wurde, die der früheren Bebauung weiter stadteinwärts diente. Um rascher und kostengünstiger bauen zu können, ließen die Bauvereine die Ziegel gleich vor Ort in einer hochmodernen Rundofenziegelei brennen – die der Schultheiss-Brauerei beispielsweise stammen von hier. Bis zu 80 000 Stück wurden pro Tag hergestellt.

Ein Stück weiter nördlich gab es an der Ringbahn die „Spinne“, eine Fabrik für allerlei Hausbaubedarf, vom Türgriff bis zum Fenster, vom Parkett bis zum Stuck wurde alles Nötige dort gefertigt. Mitunter dauerte es vom Ausheben der Grube bis zum Innenausbau der Häuser nur sechs Monate!

Wir folgen der Raumer Straße bis zur Prenzlauer Allee und stoßen dort auf ein großes Areal öffentlicher Bauten, fast noch auf der grünen Wiese errichtet. Als der Aufschwung Berlins so rasant wurde, dass die Verwaltung sich zum Bau einer Vielzahl öffentlicher Einrichtungen genötigt sah, gab es hier noch genügend Bauland. Also entstanden am Stadtrand ein großes Krankenhaus mit 40 Schlafsälen und über fünfhundert Betten und als berlinweit bekannteste beziehungsweise verrufenste Einrichtung dieser Gegend das Obdachlosenasyl, das wegen einer großen Topfpflanze im Eingangsbereich den schönfärberischen Spitznamen „Palme“ erhielt. Bis zu fünftausend Bedürftige erhalten hier pro Tag ein Obdach und etwas zu essen, ab 4 Uhr nachmittags bis 2 Uhr nachts wird Einlass gewährt. Hier kann man gelegentlich einen beleibten Herrn beim Zeichnen beobachten: Heinrich Zille, der in seinen Zeichnungen dem einfachen „Milljöh“ Würde verleiht, ohne ein Sozialromantiker zu sein.

Weithin sichtbar die flachen Kuppeln der IV. Städtischen Gasanstalt, die größte Berlins: In sechs mächtigen Gasometern aus rotem und gelbem Backstein wird hier Koks zu Gas verarbeitet. Der direkte Anschluss an die Ringbahn zum Antransport der Kohle ist von Vorteil, außerdem die Nähe zur Stadt, weil dadurch der Leitungsbau wirtschaftlich bleibt. Günstig ist die Lage auch sonst: Im Allgemeinen werden die Abgase stadtauswärts geweht, was die Hausfrau zu schätzen weiß, die Weißwäsche trocknen möchte.

Wir gehen links ein Stück die Prenzlauer Allee entlang bis zur Brücke, die über die Eisenbahn führt. Diese Ringstrecke ist eine ungemein wichtige Versorgungs- und Transportader für Berlin und seine Nachbarstädte Charlottenburg, Schöneberg, Deutsch-Wilmersdorf, Lichtenberg und Rixdorf. Zunächst als Strecke für den Güterverkehr gedacht und in mehreren Teilstücken gebaut, wurde sie 1877 auch für den Personenverkehr in Betrieb genommen und später viergleisig ausgebaut. In der charakteristischen Form eines Hundekopfes führt die Ringbahn um den Ballungsraum Berlin herum und verbindet zahlreiche Bahnhöfe. Außer Vollringzügen verkehren auch auf Teilstrecken Züge – auf manchen bis zu 14 pro Stunde – bei durchschnittlich fünfhundert Sitzplätzen pro Zug. Im Warenverkehr transportiert allein die Ringbahn pro Jahr derzeit 4,5 Millionen Tonnen. Derzeit markiert die Ringbahn die Grenze der Bebauung und der Baustel-

In der Städtischen Gasanstalt wird Koks verarbeitet, der über die Ringbahn angeliefert wurde.

len – aber schon werden auch außerhalb des Hundekopfes Straßen angelegt, die einstweilen Nummern tragen.

Vom kleinen, aber schmucken backsteinernen Ringbahnhof aus fahren wir ein Stück in Richtung Osten, vorbei an der Gasanstalt, an Güterverladestationen bis zum Bahnhof Landsberger Alleee, zum Zentralvieh- und Schlachthof |8|. Dieses besondere Stück Stadt darf bei einem Gang durch das neue Berlin nicht fehlen, so roh und blutig es hier auch zugehen mag. Großstädte sind unersättlich, nicht nur in ihrem Drang zu wachsen, sondern auch bei der täglichen Ernährung. Wie andere Großstädte musste auch Berlin vor einigen Jahrzehnten der Tatsache ins Auge sehen, dass mit dem enormen Wachstum Hygiene und Gesundheit auf der Strecke blieben. Eine Vielzahl an Maßnahmen wurde ergriffen: eine zentrale Trinkwasserversorgung, der Bau von Markthallen, Volksbadeanstalten, Schulen, Krankenhäusern und eines leistungsfähigen Abwassersystems. Daneben wurde ein stadtweites Schlachtverbot erlassen, um die Stadtbevölkerung vor Gesundheitsgefährdungen durch verdorbenes Fleisch zu schützen, wie es Berlins verdienter Arzt Rudolf Virchow schon 1864 gefordert hatte. Aufgrund von Lobbyismus und des Widerstands von Lokalpolitikern dauerte es aber noch bis 1881, erst dann wurde der zentrale und dann einzige städtische Schlachthof eröffnet. Zwei Jahre später war die riesige

Der Eindruck vorm Schlachthof täuscht: Hinter Blumenrabatten und schmucken Gebäuden fließt viel Blut.

Anlage in Gänze fertiggestellt. Bereits Ende der 1880er-Jahre musste sie aber erweitert werden; der Großstadthunger wuchs beständig.

Die Schlachthöfe haben einen eigenen Bahnhof, aus allen Himmelsrichtungen erreichen die Züge Berlin. Bis zu fünf Viehzüge können gleichzeitig entladen werden. Die Züge rollen anschließend in eine Desinfektionsanlage, die bis zu 50 Waggons pro Stunde reinigen kann. Ähnlich effektiv ist der gesamte Schlachthof angelegt, der bei seiner Erweiterung sogar zwei Straßentunnel unter der Thaerstraße erhielt, durch die das Vieh zum Schlachten getrieben wird. Das Areal der Ställe und des Auktionsbereiches ist vom Schlachtbereich aus hygienischen Gründen durch eine Mauer getrennt, für kranke Tiere gibt es am äußersten Ende des Schlachthofs einen Seuchenhof. Die gesunden Tiere werden in drei großen Hallen für Schweine, Rinder und Hammel und einer kleinen für Kälber feilgeboten und in anderen Hallen geschlachtet. Neben Verwaltungsgebäuden und dem stattlichen Direktorenhaus, Kühlhäusern und der besonders prächtig gestalteten Viehbörse gibt es auf dem Gelände diverse Einrichtungen zur Weiterverwertung der Schlachtreste: Talgschmelze, Kaldaunenwäsche, Darmschleimerei, Häutesalzerei und anderes mehr. Rund um den

Technik für Gesundheit

Eine weitere Errungenschaft der Berliner Stadttechnik ist die Entwässerung. Dafür wurde Berlin in zwölf sogenannte Radialsysteme unterteilt, die ab 1873 jeweils eine Kanalisation erhielten. Abwässer und Regenwasser werden durch das natürliche Gefälle am niedrigsten Punkt des Gebietes zusammengeführt. Dort errichtete man Pumpstationen, die die Abwässer durch Druckrohrleitungen aus der Stadt heraustransportieren und auf Rieselfeldern ausbringen. Nicht zuletzt dem Sozialmediziner Rudolf Virchow ist es zu verdanken, dass die Abwässer nicht kurzerhand in die Spree geleitet wurden. Deswegen blieb Berlin im Unterschied zu Großstädten wie Hamburg, London oder Sankt Petersburg seither von Choleraepidemien verschont. Das bisher letzte Pumpwerk wurde im vergangenen Jahr in Betrieb genommen.

Schlachthof haben sich weiterverarbeitende Betriebe angesiedelt: Lederfabriken, Düngehersteller, Seifenproduzenten. Der städtische Großbetrieb als Ganzes gilt als einer der größten und modernsten Schlachthöfe in ganz Europa. Vom Eingang her lässt sich das geschäftige Treiben beobachten. Die bedauernswerten Tiere Berlins sind zum überwältigenden Teil Arbeitstiere, vor allem Pferde und Hunde, oder bloßes Schlachtvieh.

An der Landsberger Allee besteht Anschluss an die Ringbahn und an die Berliner Straßenbahn.

SCHLOSS, DOM UND KÖNIGLICHE MUSEEN

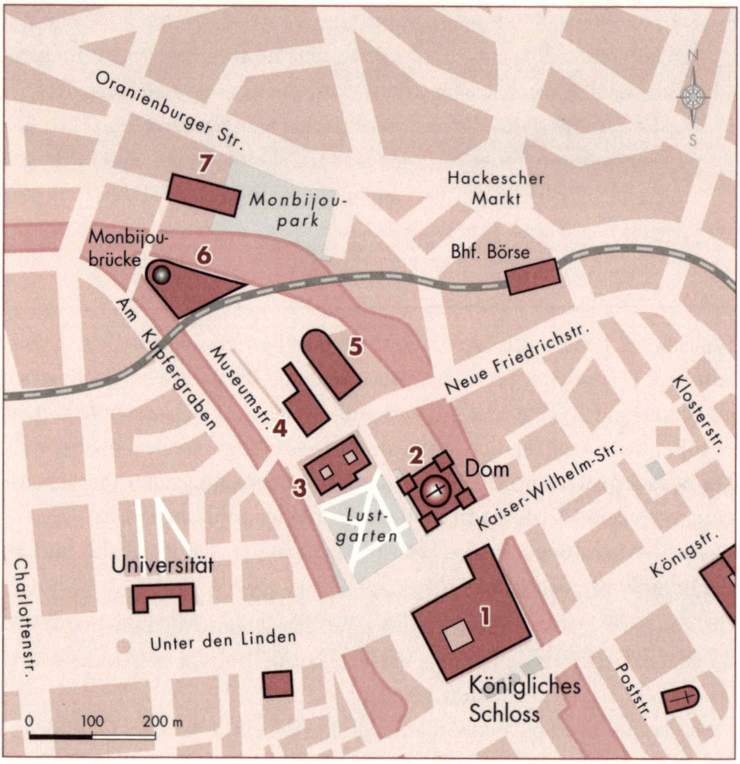

Auch dieser Spaziergang beginnt am Schloss |1|. Hier wurden nicht nur einst die Entschlüsse gefasst, Berlin zu einer Kulturmetropole zu verwandeln, das Schloss beherbergte auch den Grundstock der Museen, die auf unserem Weg liegen. Seit ihrer Ankunft in Berlin Anfang des 15. Jahrhunderts sammelten die Hohenzollern allerlei Kunstobjekte, die aber im Schloss nur wenigen zugänglich waren.

Der Begriff Kultur bezog sich ursprünglich vor allem auf Acker- und Gartenbau, wovon mit dem Lustgarten nur noch ein kleiner Rest übrig ist. Wohl seit dem ersten Schlossbau der Hohenzollern im 15. Jahrhundert

Blick vom Schloss auf Lustgarten und Altes Museum. Hoch zu Ross Preußenkönig Friedrich Wilhelm III.

gab es hier einen Schloss- und Küchengarten, dessen Gärtner wie die späteren Baumeister allerdings mit dem sumpfigen Boden zu kämpfen hatten. Zu einem größeren, barocken Lustgarten mit allerlei Einrichtungen zur gefälligen Zerstreuung wurde das Gelände nach dem Dreißigjährigen Krieg unter dem Großen Kurfürsten. Der Botaniker Elsholtz richtete den ersten botanischen Garten der Stadt ein, der später nach Schöneberg und vor Kurzem nach Dahlem verlegt wurde. Zu dieser Zeit wuchsen hier auch die ersten Kartoffeln, allerdings einstweilen als hübsch blühendes Exotikum dienten und nicht zum Verzehr.

Der knauserige Soldatenkönig Friedrich Wilhelm I. ließ das Gelände in einen Exerzierplatz umwandeln und konnte so dem soldatischen Treiben von seiner Schlosswohnung im Lustgartenflügel bequem zuschauen. Friedrich Wilhelm III. veranlasste, dass zumindest wieder Rasen ausgesät wurde. Steht deshalb hier sein Denkmal? Dabei ließ er das Betreten des Rasens streng verbieten.

Jedenfalls unken die Berliner, dass der menschenscheue Monarch hierher am wenigsten passe, weil ihm die häufigen Menschenaufläufe ein Gräuel gewesen wären. Wir gehen zwischen zwei Fontänen hindurch zum Reiterstandbild des Königs und Gatten der „Königin der Herzen“, der früh verstorbenen Luise. Es steht hier seit 1871, sein Schöpfer Albert

Symbolbau(t)en

Am Lustgarten gerinnt der preußische Staat sozusagen in bauliche Symbolik: An den vier Seiten der Anlage erheben sich vier repräsentative Bauten - wie Säulen, auf die sich der preußische Staat stützt: Die Monarchie im Barockschloss, die protestantische Religion im monumentalen Dom, die Armee im Schlüterschen Zeughaus auf der anderen Seite des Spreekanals und die Kultur im (Alten) Museum. Als zunächst einziger Museumsbau erhielt es erst später den Namenszusatz.

Wolff schuf weitere Plastiken an Altem Museum, Nationalgalerie und Siegessäule.

Der Lustgarten bildet die Klammer zwischen verschiedenen imposanten Gebäuden an seinen Seiten, deren neuestes, der Berliner Dom **|2|**, seit seiner Einweihung viel Kritik auf sich gezogen hat. Es ist ein klassisch wilhelminisches Gebäude ganz nach dem Geschmack des Kaisers, dem der Vorgängerbau zu bescheiden schien. Dabei handelte es sich um den Dom aus friderizianischer Zeit, den der meisterliche Schinkel im 18. Jahrhundert klassizistisch umgebaut hatte. Ohne Not musste die Kirche weichen - Kritiker sagen: Weil Wilhelm II. nichts groß genug sein kann. Andere bringen Argumente vor, über deren Berechtigung man trefflich streiten kann: Zum einen habe das Deutsche Reich den Kölner Dom endlich fertig bauen lassen, sodass der bei Weitem größte Kirchenbau des Reiches ein katholischer war. Außerdem sei der Kaiser als preußischer König gleichzeitig Oberhaupt der unierten Staatskirche Preußens, wie auch sein Onkel, der englische König, Kirchenoberhaupt der Anglikaner sei. Deshalb müsse Wilhelms Hauptkirche in der Hauptstadt schon mithalten mit Sankt Peter in Rom und Sankt Paulus in London - und am Petersdom orientiert sich die kaiserliche Hofkirche unübersehbar. Hinzu kommt die gestiegene Bedeutung der Stadt als Hauptstadt des mächtigen Deutschen Reiches. Und schließlich ist da der Status als Grabeskirche der Hohenzollern, wenn auch die vorzüglichsten unter den preußischen Monarchen gar nicht in der Hohenzollerngruft beigesetzt wurden. Aber vermutlich beabsichtigte der Kaiser, sich beizeiten ein standesgemäßes Mausoleum zu errichten, mögen ihm auch noch viele Jahre beschieden sein. Die Planungen für einen neuen Dom begannen aber bereits früher - Friedrich Wilhelm

IV. hat das Projekt einst angestoßen. 1885 lagen erste Pläne des Architekten Julius Carl Raschdorff vor, der mit seinem Sohn Otto ein knappes Jahrzehnt später vom jungen Kaiser Wilhelm II. den Auftrag erhielt. Im Stil von Renaissance und Barock errichteten sie ein Gotteshaus, das mehr Raum umbaut als der Kölner Dom.

Unter der mächtigen Hauptkuppel befindet sich die eigentliche Predigtkirche, die wir über die Freitreppe und eine offene Säulenhalle erreichen. Dort verweist die Bildsprache auf die Reformation, den Anteil der Hohenzollernfürsten daran sowie die preußische Besonderheit der unierten Kirche aus Lutheranern und Calvinisten: Der achteckige Kirchenraum zeigt neben Luther und Melanchthon die Reformatoren Zwingli und Calvin, dazu gesellen sich neben Landgraf Philipp von Hessen und Kurfürst Friedrich von Sachsen die Hohenzollern Kurfürst Joachim II. von Brandenburg und Herzog Albrecht, der das Ordensland Preußen zum Herzogtum säkularisierte. Immer wieder geht der Blick zur eindrucksvollen 75 Meter hohen, 33 Meter weiten Kuppel, auf deren Umgang 270 Stufen führen und einen großartigen Ausblick über die Stadt eröffnen. Überwältigend auch die Sauer-Orgel, die modernste und mit 7269 Pfeifen und 113 Registern die größte in Deutschland. Dem Genuss von Klang und Akustik, aber auch der eingehenden Betrachtung der verschwenderischen Bildausstattung lohnt ein Gottesdienstbesuch – verwiesen sei aber noch auf die Fenster im Altarraum, deren Entwürfe wie die der Kuppelmosaiken vom kaiserlichen Lieblingsmaler Anton von Werner stammen. Die Mosaiksteinchen liefern 2000 Farbschattierungen! Über die gesamte Bauzeit des Doms von fast zehn Jahren nahm der Kaiser gestalterischen Einfluss, was womöglich nicht stets zu Wohlergehen und Nervenruhe der Raschdorffs beitrug. An die Predigtkirche schließt sich zur Kaiser-Wilhelm-Brücke hin eine kleine Tauf- und Traukirche an. Nicht zugänglich ist das prächtige kaiserliche Treppenhaus nebst amerikanischem Fahrstuhl, dem Zugang der kaiserlichen Familie zur Taufkirche beziehungsweise zur Kaiserloge der Predigtkirche.

Auf der Nordseite ist in einem apsisartigen Anbau die Denkmalskirche untergebracht, die dem Adelsgeschlecht der Hohenzollern huldigt. Hier beeindrucken Grabdenkmäler und (leere) Prunksärge. Zur eigentlichen Grablege der Hohenzollern geht es von hier in die Gruft, die sich weiträumig unter dem Dom erstreckt und Besuchern verwehrt ist. 90 Sarkophage enthalten die sterblichen Überreste von Angehörigen der Herrscherfamilie seit dem 16. Jahrhundert, darunter die Prunksärge des ersten Preußenkönigs Friedrich I. und seiner ersten Gattin, der Hannoveranerin Sophie

Charlotte. Schlossbaumeister Andreas Schlüter entwarf die Werke aus vergoldetem Zinnbleiguss. Die zahlreichen Kindersarkophage verweisen darauf, dass die Kindersterblichkeit früherer Jahrhunderte auch vor den Fürstenhäusern nicht haltmachte.

Doch trotzen wir der schnöden Vergänglichkeit, verlassen den Dom und durchqueren abermals den Lustgarten in Richtung Museum |**3**|, in dem die Kunst der Endlichkeit etwas entgegenzusetzen vermag. Auf dem Weg passieren wir die große Granitschale, deren Umfang den eigentlichen Plan vereitelte, sie in der Rotunde des Museums zu platzieren. 1831 aufgestellt, wurde sie aus dem Granitfindling „Großer Markgrafenstein" aus den Rauener Bergen gefertigt. Bei einem Durchmesser von 6,91 Meter wiegt sie rund 75 Tonnen, was der größten aus einem einzigen Stück Stein gefertigten Schale den Spitznamen „Biedermeierweltwunder" eingetragen hat.

Vor rund einem Jahrhundert begann im preußischen Königshaus die Überlegung zu reifen, für die königlichen Kunstsammlungen ein Museum zu errichten. Das aufstrebende Bürgertum wollte an den Kunstschätzen Anteil haben, zumal eine umfassende Bildung als zunehmend wichtiger angesehen wurde. Vielleicht erschien es auch geboten, der bösen Sentenz des französischen Diplomaten Marquis de Mirabeau, derzufolge Preußen kein Staat mit einer Armee, sondern eine Armee mit einem Staat sei, propagandistisch wie inhaltlich etwas entgegenzusetzen.

Als Erstes wurde 1830 das erst später zur besseren Unterscheidung sogenannte Alte Museum eröffnet, was wegen des morastigen Untergrunds kein leichtes Unterfangen war: Es ruht auf dreitausend Kiefernholzstämmen, die mühevoll in den Boden getrieben wurden! Der Entwurf für das Gebäude stammt von Schinkel, der damit dem Schloss ein würdiges Gegenüber schuf. Auf hohem Sockel errichtet, führt eine breite Freitreppe in eine weitläufige Freihalle, getragen von 18 ionischen Säulen, obenauf wie Wächter der Kunst je ein preußischer Adler. Die Rückwand der Säulenhalle zieren ebenso wie die Rotunde im Inneren von Schinkel entworfene Fresken sowie Standbilder, die die Bildungsgeschichte der Menschheit darstellen. Im Gebäude gruppieren sich die Ausstellungsräume auf zwei Etagen um zwei Innenhöfe und die große Rotunde mit 20 korinthischen Säulen, zwischen denen erlesene Statuen aufgestellt sind. Die gesamte „Hohe Kunst" wollte der König hier präsentiert sehen. Seit einigen Jahren ist die Skulpturensammlung der griechischen und römischen Antike hier untergebracht (im Obergeschoss weitere Altertümer), denn zum Alten Museum traten weitere. Hinter dem Alten liegt das Neue Museum,

Kultur-Technik

Die nördliche Spreeinsel mit ihren Herrschafts- und Kulturbauten ist eigentlich auch ein technisches Monument. Nur sieht man auf den ersten Blick nicht, wie viel Ingenieurskunst in den Gebäuden steckt, die mit vielen Tausend Pfählen gegründet wurden auf dem morastigen Berliner Untergrund. Beim Neuen Museum geschah das erstmals mit Dampfmaschinenkraft. Auch der großen Granitschale im Lustgarten sieht man nicht sofort an, dass sie dank neuester Technik entstand. 1828 schlug man in den Rauener Bergen bei Fürstenwalde aus einem 750 Tonnen schweren Granitfindling eine um die 70 Tonnen schwere Schale und verschiffte sie über die Spree nach Berlin. Unweit ihres jetzigen Standorts wurde sie mit einer Dampfmaschine geschliffen und poliert.
Da sie schließlich statt fünf über sieben Meter im Durchmesser maß, kam sie nicht wie geplant ins Museum, sondern wurde davor aufgestellt.
Im Handumdrehen wurde das „Weltwunder des Biedermeier“ zur Hauptattraktion für Berlinreisende.

beide sind durch einen Schwibbogen über der Museumstraße verbunden, aber um des baulichen Eindrucks willen wählen wir den Weg durch die frische Luft.

Wenden wir uns daher beim Verlassen des Alten Museums nach rechts und umgehen das Gebäude zur Museumstraße zur Eisernen Brücke, die gar nicht mehr aus Eisen, sondern aus Sandstein besteht, um die Straßenbahn tragen zu können. Selbst das scheint aber nicht ausreichend, sie soll breiter, stärker und höher neu gebaut werden, um dem Straßenverkehr mehr Platz und Schiffen bequemeren Durchlass zu gewähren – der linke Spreearm ist ungemein stark befahren. Rechts auf der anderen Straßenseite, neben alten Resten des Packhofs, befindet sich das nach griechischem Vorbild von Friedrich August Stüler gebaute Neue Museum **|4|**, mit dem Friedrich Wilhelm IV. die väterliche Sammlung erweiterte und der Architekt an die bewährte Schule seines großen Lehrers Schinkel mit der gebotenen Demut anknüpfte. 1855 eröffnet, beherbergt es die Sammlung der Gipsabgüsse, die ägyptischen Altertümer und das Kupferstichkabinett. Bei aller äußerlichen Bescheidenheit (es handelt sich übrigens um einen verputzten Ziegelbau) entschied sich Stüler bei der Innenausstattung für allerlei Prachtvolles. Vom imposanten Marmortreppenhaus, das die

Gebäudetiefe zur Gänze beansprucht, über den Nachbau der Korenhalle des Erechtheions der Akropolis von Athen, den eindrucksvollen ägyptischen Hof (die verkleinerte Kopie des Säulenhofes eines Ramses-Tempels aus Theben) und den griechischen Hof mit seinen Wandfriesen bis zum römischen und Niobidensaal. Den Gedanke einer universellen Menschheitskultur vermittelt im Treppenhaus Wilhelm von Kaulbachs Geschichtspanorama vom Turmbau zu Babel bis zur Reformation. Man stößt hier auf jedem Meter auf eine längst vergessene Hausaufgabe.

Das Gebäude wurde nach dem damals neuesten Stand der Technik gebaut – daher passend das Motiv des Zinkgussreliefs am Westgiebel: „Die Kunst unterweist Industrie und Kunstgewerbe". Die bis zu 20 Meter langen Gründungspfähle wurden mittels Dampfkraft in den sumpfigen Boden gerammt. Um die mangelnde Tragfähigkeit des Untergrunds auszugleichen, kamen innovative Leichtziegel zum Einsatz. Die Architektur bediente sich in vielfältiger Weise der Eisenkonstruktion, die ein gegenüber dem Massivbau leichteres Gebäude ermöglichte. Deren Skelett an einigen Stellen zu zeigen, ist der Architekt nicht einmal verlegen – er tut es aber auch überaus gelungen. Ein weiteres Charakteristikum ist das Miteinander von Exponaten und Dekoration, die sich gegenseitig nicht beengen. Das Neue Museum wurde daher schon bald als „Labyrinth der Symbolik" und „steinernes Kompendium der Kultur- und Kunstgeschichte" bezeichnet, zumal das Dekor nicht phantasiert, sondern wissenschaftlichen Erkenntnissen gemäß erstellt wurde. Diese Ergänzung der Exponate hat aber auch Kritik auf sich gezogen, zumal bei Umgruppierungen der Sammlungen das Dekor nicht mit umziehen kann.

Solcherart mit Vorarbeit konfrontiert, konnte sich auch Friedrich Wilhelms Bruder und Nachfolger Wilhelm I. schwerlich dem Museumsbau entziehen. Der Tempelbau der Nationalgalerie **|5|** überragt die anderen Museen an Höhe und erfüllt eine doppelte Funktion: Präsentation von Kunst der lange existierenden deutschen Kulturnation und Repräsentation der noch jungen Staatsnation. Vom Ausgang des Neuen Museums ist es nur ein Katzensprung durch die kolonnadenumsäumte Gartenanlage des Kunsttempelbezirks zur zweiflügeligen Freitreppe der Nationalgalerie, über der hoch zu Ross Friedrich Wilhelm IV. thront. Schon vor der Reichsgründung war sie geplant als Nationalgalerie für deutsche Kunst, 1876 wurde sie schließlich eingeweiht. Die Inschrift über dem Portal proklamiert das Nationale, das Giebelrelief zeigt passend „Germania als Beschützerin der bildenden Künste". Außen am Gebäude wurden in vergoldeter Schrift 36 deutsche Künstler verewigt. Im Inneren verweisen

Wandgemälde auf die Nibelungensage, ein Bilderzyklus deckt die Stationen deutscher Geschichte von der Schlacht im Teutoburger Wald bis zur Versailler Kaiserproklamation ab. Im Unterschied zu den beiden älteren Museen, die einem universellen Bildungs- und Menschheitsideal verpflichtet sind, soll hier also die vaterländische Kunst der jungen deutschen Nation eine eigene Identität stiften – mit Preußen als ihrer Schutzmacht.

Ausgestellt sind altdeutsche und zeitgenössische deutsche Kunst, darunter die Gemäldesammlung des Bankiers Joachim Heinrich Wilhelm Wagener, die den Grundstock für das Museum bildet, und Meister wie Schinkel oder Caspar David Friedrich enthält, aber auch französische und italienische Kunstwerke sind vertreten. Konsul Wagener vermachte seine Sammlung dem preußischen Kronprinzen mit der Auflage, eine Nationalgalerie zu begründen. Natürlich ist die Sammlung längst beachtlich gewachsen, zuletzt durch das Zutun des Direktors Hugo von Tschudi, der vorletztes Jahr unter größter öffentlicher Aufmerksamkeit seinen Hut nahm. Tschudi hatte nicht nur seit 1899 unter der persönlichen Zensur des Kaisers gestanden, der ihm nicht eben wohlgesinnt war, sondern auch im Kreuzfeuer der Kritik an seiner Erwerbspolitik, die der deutschnationalen Öffentlichkeit zu viel französische Kunst umfasste.

Ein Tempel für die deutsche Kunst: die Nationalgalerie. Auf dem Postament das Reiterstandbild Friedrich Wilhelms IV.

Schließlisch ist er einem Ruf nach München gefolgt, wo sein Genius höher geschätzt wird.

Hinter der Nationalgalerie befand sich bis vor Kurzem das Pergamonmuseum in einem Interimsbau. Nunmehr entsteht ein größerer Neubau am Kupfergraben, weil für eine angemessene Präsentation vor allem der großen Stücke kein Platz mehr zur Verfügung stand. Die Exponate sind einstweilen anderswo untergebracht, etwa im Ostflügel des Neuen Museums. Die Bauarbeiten gestalten sich wegen des Untergrundes allerdings überaus schwierig, aber die antiken Funde brauchen mehr Platz. Die Pläne für den dreiflügeligen neoklassizistischen Monumentalbau stammen vom kürzlich verstorbenen Architekten Alfred Messel, der das berühmte Warenhaus Wertheim am Leipziger Platz schuf.

Vorbei an der Baustelle des neuen Pergamonmuseums am Kupfergraben gelangen wir zum einstweilen jüngsten Haus der Museumsinsel, dem Kaiser-Friedrich-Museum |6|. 1904 eingeweiht, bildet es den krönenden Abschluss des Ensembles der Königlichen Museen. Dem Patron des Hauses wurde mit dem Reiterstandbild auf der eigens neu erbauten Monbijoubrücke ein Denkmal gesetzt. Die Initiative für den Bau stammt von Wilhelm Bode, inzwischen Generaldirektor der Königlichen Museen, der ein Museum der Renaissance propagierte. Bode hat eine Skulpturen- und Gemäldesammlung aus dem Mittelalter und der Renaissance aufgebaut, die auf die Bestände der kurfürstlichen Kunstkammer zurückgeht. Auch das Münzkabinett ist hier untergebracht. Äußerlich kommt das Gebäude aus schlesischem Sandstein nun allerdings im wilhelminischen Neubarock daher, wie es der Geheime Oberhofbaurat Ernst von Ihne dem Kaiser zuliebe entworfen hat. Trotz der ungleichmäßigen Form des Terrains wirkt es vollendet ausgewogen, insbesondere durch den Rundvorbau an der Inselspitze. Dessen geschwungene Attika zieren sechs Personifikationen der Künste. Innen beeindrucken zunächst das imposante ovale Treppenhaus unter der Kuppel und die in der Halle aufgestellte Kopie des Schlüter'schen Reiterstandbildes des Großen Kurfürsten, dessen Original auf der Kurfürstenbrücke am Schloss wir bereits gesehen haben. Die Ausstellungsräume selbst gestaltete Bode in verschiedenen Stilen, um so dem Besucher die jeweilige Zeit nahezubringen. Dabei ergeben Gemälde, Skulpturen und Möbel, aber auch Altäre, Decken, Portale oder Marmorböden im Zusammenklang ein stimmiges Bild.

Weiter geht es über die Monbijoubrücke zum gleichnamigen Park mit dem Königin-Schlösschen |7|, das heute ebenfalls Museum ist. Mit etwas Glück findet sich ein offener Hintereingang, denn der eigentliche Zugang

Seinem Vater zu Ehren taufte Kaiser Wilhelm II. das 1904 eröffnete Museum nach Kaiser Friedrich III.

erfolgt über den Monbijouplatz auf der anderen Seite des Parks. Ursprünglich war Monbijou ein kleines Lusthaus eines Günstlings des Königs, zu Anfang des 18. Jahrhunderts wurde es Sommersitz der Königin Sophie Dorothea. Später wohnte auch Königin Friederike Luise hier, die Gattin des zweiten Friedrich Wilhelm. Nach der Reichsgründung wurde es Hohenzollernmuseum: die Räume der Königinnen wurden wiederhergestellt, unzählige Porträts von Herrschern und ihren Kindern aufgehängt, aber auch lebensgroße Königsstatuen in einer „vaterländischen Gedächtnishalle" sowie mehr oder weniger originalgetreue Nachbildungen von Kabinetten anderer Schlösser und fürstliche Devotionalien. Die überaus monarchistisch gesinnten Museumsführer verweilen meist besonders lang am Sterbesessel des Alten Fritz aus Schloss Sanssouci. Allerdings ermüden die unendlichen Bestände an Porzellan und Gemälden, Büsten und Totenmasken doch sehr und ein erholsamer Gang durch den schönen Park erscheint angebracht. Bedauerlicherweise wird der Blick aufs Wasser durch eine Mauer behindert. Erwähnt sei, dass Berlin noch weitere Museen bietet – aber ebenso, dass die Elektrische in der Oranienburger Straße oder die Straßenbahn vom nahen Bahnhof uns in verschiedene Richtungen bringt.

VON DER FRIEDRICHSTRASSE ZUM KAUFHAUS DES WESTENS

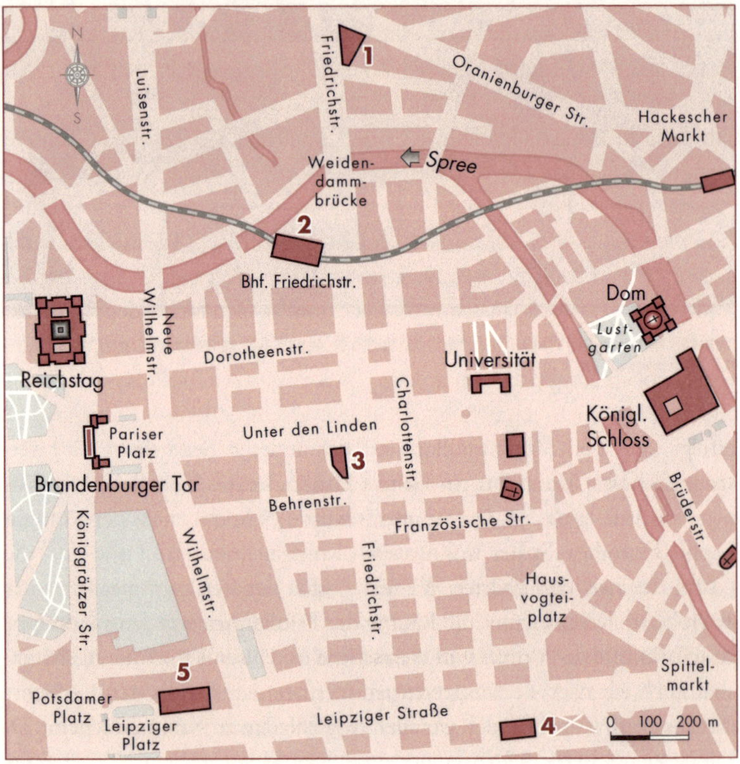

Nach einem Vormittag der Kultur ist diese Tour dem Einkaufen gewidmet, das eine ganz andere Art von Zerstreuung bietet. Wir beginnen nahe der Friedrichstraße, einige Meter in die Oranienburger Straße hinein am überaus eindrucksvollen Portal der Friedrichstraßenpassagen |1|. Bemerkenswert ist auch, was man nicht sieht: Es ist reichsweit der erste Monumentalbau aus Stahlbeton. Das repräsentative Kaufhaus mit Muschelkalkfassade wurde erst vor wenigen Jahren für sieben Millionen Reichsmark errichtet und ermöglicht eine willkommene Abkürzung zur Friedrichstraße, ohne Kreuzung und lärmenden Verkehr, dafür aber mit anderer Ablenkung: Auf zwei Etagen reiht sich Schaufenster an Schaufenster, die geschmackvollen Auslagen sind mit Bronze gerahmt. Herzstück ist die pompöse, 30 Meter hohe Kuppelhalle, wo die Passagen im stumpfen Winkel aufeinanderstoßen. Die Innengestaltung ist mit Tuffstein, Marmor, Porzellan, Mosaiken und Plastiken aufwändig, dazu kommen prächtige Säle für die Präsentation der Waren und für Veranstaltungen in den Obergeschossen. Einer davon ist gar der Hagia Sophia in Konstantinopel nachgebildet.

Verlassen wir die Passagen und mischen uns unter das gemischte Publikum der quirligen Friedrichstraße. Die ansässige Mittelschicht verkehrt hier, dazu neben vielen Studenten eine beachtliche Zahl von Touristen. Jenseits der Weidendammer Brücke, auf der sich Theodor Fontane einst verlobte, häufen sich die Hotels, wenig überraschend angesichts des nahen Bahnhofs |**2**|, den Fontane in seinen Romanen gern zu Ehren kommen ließ. Seit nicht einmal zwei Jahrzehnten erlebt Berlin einen regelrechten Boom beim Fremdenverkehr und damit der Hotels. Eins der bekanntesten und mondänsten ist das „Central" gleich hinter dem Bahnhof, vor 30 Jahren für beachtliche zwölf Millionen Mark erbaut, mit zwei eindrucksvollen Kuppeltürmen an den Ecken: 500 Gästezimmer, viele davon mit Balkon. Im Inneren birgt es neben verschwenderisch ausgestatteten Speise- und anderen Sälen den weltberühmten Wintergarten: 75 Meter lang, 23 Meter breit, das gewölbte Glasdach in 17 Metern Höhe, reich mit Palmen und anderem exotischem Gewächs ausgestattet, mit Springbrunnen versehen und abends festlich illuminiert.

Die Namen der anderen großen Berliner Hotels sprechen für sich: Bayrischer, Nürnberger und Rheinischer Hof, Terminus und Monopol, Merkur und Atlas, Prinzenhof, Kaiser und Elite, Savoy und Silesia, Britannia und New York … Entsprechend international ist auch das Publikum, das aus aller Herren Länder, gar allen Kontinenten zu stammen scheint. Da die Betriebsamkeit nicht weniger wird, empfehlen wir eine kleine Erfrischungspause in einem der Kaffeehäuser an der Ecke Unter den Linden, wo bei gutem Wetter der Großstadtbetrieb vom Schankgarten entspannter zu beobachten ist.

Denn hier konzentriert sich die Berliner Kaffeehauskultur. Zu wählen ist zwischen Café Victoria an der Nordseite, zu einem weiteren Hotel gehörig, sowie den berühmten Häusern Kranzler und Bauer an der Südseite. Das Café Bauer, mit angeschlossenem Hotel, zeichnet sich außer durch sein überbordendes Interieur durch Wiener Kaffeehaustradition sowie die ungeheure Auswahl von 800 Zeitungen und Journalen aus. Mancher

Exklusiv Einkaufen: die Kaisergalerie

Die Zeitschrift „Gartenlaube“ rühmte: „Die Tausende, welche diese Galerie täglich passiren, richten in der Mehrzahl ihre Augen wohl weniger nach oben zu den herrlichen Ausschmückungen, die zu beschreiben einer eigenen Broschüre bedürfen, als nach den Seiten der Galerie, auf welchen eine Reihe von Magazinen, von denen eines immer reicher und eleganter ist als das andere, die Schaulustigen anlockt. Am belebtesten ist es in und vor der Passage zur Nachmittagszeit, wenn die junge vornehme Welt sich zur Promenade anschickt. Namentlich sonntags, wenn der Himmel nicht eine gar zu düstre Miene macht, ist des Menschengewühls hier kein Ende.“

kommt aber eher, um den Wandzyklus „Römisches Leben“ des Hofmalers Anton von Werner zu betrachten. Das bewegtere und bewegendere Schauspiel aber ist das unaufhörliche Treiben draußen, das sich von einem der begehrten Galerieplätze vortrefflich studieren lässt.

Aus heutiger Sicht erscheint eine andere Attraktion des Hauses weniger aufregend: das erste elektrische Licht der Stadt. Heute hängen auch zwischen den Linden der Mittelpromenade elektrische Lampen, die einen abendlichen Gang auf dem Boulevard zum Vergnügen machen, zumal zahlreiche Gebäude illuminiert werden. Für fünf Pfennige kann man hier außerdem einen bequemen Lehnstuhl mieten. Die Linden sind seit nunmehr 1888 auf voller Länge elektrisch beleuchtet, die Friedrichstraße seit 1905 – insgesamt werden die Berliner Straßen und Plätze nach Einbruch der Dunkelheit von rund eintausend Lampen erhellt, mehrheitlich von modernen Bogenlampen.

Das Café Kranzler, 1825 hier eröffnet, bot seinen Gästen als Erstes einen Rauchsalon, weil der Tabakgenuss in der Öffentlichkeit verboten war, und war das erste der Stadt mit erhöhter Freiterrasse. Zur Abkühlung empfiehlt sich das berühmte Kranzler-Eis. Nach augenzwinkernder Meinung mancher wird es vor allem von den hier stets verkehrenden Soldaten von Berufs wegen konsumiert: um im Falle einer militärischen Konfrontation mit Russland auf die eisigen Temperaturen dort vorbereitet zu sein.

Frisch gestärkt laufen wir „auf den Linden“ ein kleines Stück in Richtung Brandenburger Tor zum prachtvollen venezianisch inspirierten Renaissanceportal der Kaisergalerie **|3|**. Sie ist älter, berühmter und erfolg-

Die Kaiserpassage verbindet zwei der wichtigsten Straßen Berlins, Unter den Linden und Friedrichstraße.

reicher als die Friedrichstraßen-Passage, zu Ehren des alten Kaisers Wilhelm I. an dessen Geburtstag 1873 eingeweiht. Sie gehört zu den wichtigsten Sehenswürdigkeiten der Reichshauptstadt und ist ein beliebtes Postkartenmotiv. Vorbild waren die glanzvollen Passagen in Brüssel und Mailand. Der Zulauf ist enorm, entsprechend belaufen sich allein die Mieteinnahmen auf fast eine halbe Million Reichsmark jährlich.

Auf halber Höhe erweitert sich der glasgedeckte Durchgang zu einem achteckigen Kuppelraum, sodann geht es schräg links zum Ausgang an der Friedrichstraße. Die Kaisergalerie beherbergt über fünfzig Läden, darunter eine Korallenhandlung, diverse Herrenausstatter, ein Porträtmaler, eine Bernsteinfabrik, von Donats Konfitüren- und Zuckerwarenhandlung und die großen Luxuswaren. Im ersten Stock gibt es Restaurants und prachtvolle Säle, auf halber Strecke das Kaiserpanorama, wo vor Stereoskopen an 25 Plätzen der Besucher wöchentlich wechselnde Bilderfolgen betrachten kann (täglich von 9 bis 22 Uhr, 25 Pfennig). Lassen wir den Besitzer August Fuhrmann selbst zu Wort kommen: „Seit Bestehen des Kaiser-Panoramas war ich mit Erfolg bestrebt, die Heimat- und Vaterlandsliebe durch Aufnahme des Schönsten in Deutschland zu pflegen, daneben aber wollte ich auch alles Interessante und Schöne der Erde, das Gott, Menschengeist und Menschenkraft geschaffen haben, durch mustergültige Urkunden der Glasstereos jedermann, auch den Ärmsten, zugänglich machen."

Im Kuppelraum rechts befindet sich das Café Keck mit graziler Außenbestuhlung, aber auch Billardsälen und dem Kaisersaal mit einer Nachbildung eines maurischen Springbrunnens, den der Kaiser 1889 dem Sultan von Marokko zum Geschenk machte. Ein Stück weiter links befindet sich der Eingang zum Passage-Panoptikum, wo Berühmtheiten in Wachs modelliert ausgestellt sind. Immer wieder werden auch „Abnormitäten" lebend zur Schau gestellt, so der Riese Machnow, der als größter Mensch der Welt beworben wird.

Am südlichen Ausgang der Kaisergalerie, Friedrich-, Ecke Behrenstraße, wo das „Liqueurhaus Großer Kurfürst" fürs Hochprozentige zuständig ist, nehmen wir unseren Spaziergang wieder auf – nicht ohne die aufwändige Fassadengestaltung der Eckhäuser zu bewundern. Solche Pracht sehen wir erst wieder an der Ecke Leipziger Straße, aber unterwegs lohnt auch der Blick auf die Passanten, denn jetzt prägen distanziert und distinguiert wirkende Herren in Gehrock und Melone das Straßenbild: Südlich der Linden durchmisst die Straße das Berliner Bankenviertel mit seiner Unzahl an Kredit- und Hypothekenbanken, privaten Geldhäusern

Bankenmetropole Berlin

Schon seit Gründung des Norddeutschen Bundes, spätestens aber seit der Reichsgründung 1871 ist Berlin das blühende Finanzzentrum des Deutschen Reiches. Das Bankenviertel südlich des Lindenboulevards zwischen Werderscher Markt und Wilhelmstraße erhält immer neue repräsentative Zentralverwaltungen der großen Finanzhäuser. Allein die Deutsche Bank ist mehrmals umgezogen und zieht es nunmehr vor, dem Quartier in der westlichen Behrenstraße benachbarte Häuser zuzukaufen und notfalls auch mit Schwibbögen über die Straße hinweg zu verbinden. Den ausgedehnten Komplex der zahlreichen Bankpaläste ergänzen die Reichsbank (Jägerstraße), die Berliner Münze am Werdeschen Markt sowie, ein Stück entfernt, die Börse in der Burgstraße gegenüber der Nationalgalerie.

und Versicherungen. Die wichtigsten Geldinstitute residieren in der Behrenstraße: Nationalbank, Deutsche Bank, Commerzbank, Bleichröder, Disconto-Gesellschaft, Berliner Handels-Gesellschaft und Dresdner Bank.

Zu Geschäftsschluss, wenn die Kommerzienräte und Geheimen Kommerzienräte längst im verqualmten Klub weilen oder in ihre Villen chauffiert werden, erobern größere und kleinere Grüppchen schnatternder Büromamsells, Stenotypistinnen und Schreibfräuleins das Trottoir. Doch so weit ist es noch nicht, noch bleibt Zeit für weitere Geschäfte wie das Konfektionshaus Hoffmann an der Ecke Schützenstraße, dessen große Schaufenster von einer Sandsteinfassade in einem Motivgewirr aus spanischer Gotik, französischer Renaissance und modernem Jugendstil eingerahmt sind, oder die berühmten großen Warenhäuser der Leipziger Straße. Während der Lindenboulevard bei den Berlinern als Lauf- und die Friedrichstraße als Saufstraße firmieren, heißt die Leipziger Straße allgemein die Kaufstraße. In Sachen Kaufhäuser war Berlin zwar ein Spätzünder, ob Bon Marché in Paris oder Harrod's in London, ob Marshall Field in Chicago oder Macy's in New York – sie alle können auf eine längere Geschichte zurückblicken. Aber längst sind die Berliner regelrecht süchtig nach dem Erlebnis Einkauf, sodass die Leipziger Straße zumal an den Nachmittagen ein einziges Knäuel an Passanten darstellt und die Straßenbahnen im Minutentakt Menschen ausspeien, die sofort zum nächstgelegenen Warenhauseingang eilen. Denn hier konzentrieren sich seit gut einem Jahrzehnt

Hafermotor, Dampfkraft und Elektrizität: Straßenbahnen

Berlins erste Straßenbahn wurde 1865 eingesetzt – die Pferdebahn fuhr als Ausflugslinie von Berlin durch den Tiergarten nach Charlottenburg. Siemens & Halske erprobte 1881 vor den Toren der Stadt in Lichterfelde die weltweit erste elektrisch betriebene Straßenbahn. Die neue Antriebstechnik überzeugte und das Berliner Straßenbahnnetz wurde ab 1896 umgestellt. 1902 wurde die letzte Pferdebahn außer Dienst gestellt. Als Intermezzo erwies sich die Dampfstraßenbahn, die wegen des enormen Gewichts in Berlin bald wieder verboten wurde, aber in Vororten zum Einsatz kam. So fuhr ab 1886 auf dem eben ausgebauten Kurfürstendamm eine Dampfstraßenbahn.

die stolzen Flaggschiffe der großen Kaufhaus-Unternehmen, die gleichwohl überall in der Stadt kleinere Filialbetriebe unterhalten – allein in Berlin sind es derzeit an die fünfzig. Das Berliner Tageblatt resümierte angesichts der Erfolgsgeschichte: „Den Warenhäusern haftet an sich ein demokratischer Zug an; sie sind vielleicht von dem geträumten Zukunftsstaate das Einzige, was sich bisher verwirklichen lässt. Die Gräfin und die Kommerzienrätin berühren mit den Ellenbögen die einfache Frau aus dem Volke. Die vornehme Dame steht schwesterlich neben der kleinen Choristin, und keine wird vor der anderen bevorzugt. Man fragt sie nicht, ob sie zu Fuß kamen, mit der Elektrischen, mit der Droschke, mit eigener Equipage oder gar im Automobil.“

Einer der beiden Platzhirsche ist das Kaufhaus Tietz |4|, dessen monumentale Glasfassade zwischen schmalen, aber kolossal skulptierten Portalfassaden größte Aufmerksamkeit erregt. Es ist viel weniger ein Haus mit Schaufenstern als eine Riesenauslage mit Gebäuderahmen. Das mittlere Portal trägt das Firmensymbol: eine riesige Weltkugel, die nachts leuchtet. Wahrlich eine glänzende Kulisse, aber auch beinahe der Ruin für das Unternehmen! Der Glanz setzt sich im Jugendstil im Inneren fort, wo im Lichthof eine große elliptisch geformte Freitreppe noch der grauesten Maus eine Bühne bietet. Den Besitzer Oscar Tietz hatten auf einer Nordamerikareise die dortigen Kaufhausbauten zur Nachahmung gereizt, daher gibt es im Erdgeschoss auch eine Sodafontäne. Die architektonische Aus-

Tempel für Mammon an Berlins „Kaufstraße", der Leipziger:
die pompöse Fassade des Kaufhauses Tietz.

führung hat aber auch viel Kritik auf sich gezogen, es sei maßstabslos und unausgewogen, hieß es mitunter.

Der zweite Bauabschnitt des Warenhauses Wertheim an der Leipziger Straße von Alfred Messel wurde 1906 fertiggestellt, ein weiterer ist bereits in Planung.

Das Kaufhaus Wertheim |**5**| am Leipziger Platz als zweiter Platzhirsch ist kaum weniger beeindruckend. Allein die Fassade an der Leipziger Straße ist 150 Meter lang, derzeit wird eine Erweiterung um 80 Meter geplant. Groß genug ist es also, um das Prinzip „Alles unter einem Dach" umzusetzen – und um eine Welt für sich zu sein, in der man sich leicht verlieren kann, zumal Dutzende Treppenhäuser und Fahrstühle zur Verfügung stehen. Kein Wunder, dass „Wertheim" sprichwörtlich geworden ist für das, was man unter Warenhaus versteht. Wertheim verkauft in seinen 65 Abteilungen wirklich alles: von Arzneimittel bis Zement, von Bier bis Zigarren, von Beize bis zum Teppich, Angel bis Zangen, Automobilzubehör bis Särge. Wertheim begann hier vergleichsweise bescheiden als Erster – als die Gegend hier unter Geschäftsleuten noch als wenig versprechend galt. 1897 eröffnet, erregte es höchstes Aufsehen, nicht nur als Warenhaus, sondern auch seiner Architektur wegen, die wie ein gotischer Dom die Vertikale zum Maßstab macht. Die Bleiglasfenster erinnern ebenfalls an Kirchen, wenn sie auch weltliche Motive abbilden. Keineswegs unpassend, denn die Warenhäuser sind ja so etwas wie die Kathedralen unserer Zeit und Gott Mammon mächtig wie nie zuvor. Der Architekt Alfred Messel wurde mit seiner Konsumkathedrale so berühmt, dass ein missgestimmter Kollege aus Österreich polterte: „Seit dem Wertheim-Bau sind die Deutschen von dieser Architektur ganz benebelt." In diesem Januar beehrte gar der Kaiser das Haus in der Leipziger Straße mit einem sonntäglichen Besuch, der erste kaiserliche in einem Warenhaus.

Bei einem Bummel hindurch empfehlen sich als Fixpunkte der berühmte Teppichsaal im Eckbau zum Leipziger Platz, die verschiedenen Lichthöfe, darunter der große mit 700 Quadratmetern Grundfläche und 24 Metern Höhe und der mittlere mit der Skulptur „Die Arbeit", bei den Berlinern als „Frau Wertheim" bekannt, der Onyxhof mit dem Spiegelbrunnen nebst Nackedei – und das Palmhaus mit Wasserspielen und Marmorbänken zur stillen Einkehr vor dem Gang durch die nächste Abteilung. Wer aber Konkretes sucht, den informiert gleich am Eingang ein Herr im schwarzen Anzug, wo dies zu finden sei und wie man auf dem schnellsten Wege dorthin gelangt. Weit über dreitausend Menschen arbeiten hier, die es überwiegend als Privileg betrachten, in einem so renommierten Haus beschäftigt zu sein, zumal sie offenbar gut behandelt werden. Übrigens sind viele der höheren Positionen von US-Amerikanern besetzt, die über langjährige Erfahrung im Warenhausbusiness verfügen.

Um das Bild der Berliner Warenhauskultur zu komplettieren, bedarf es noch der Fahrt in den „neuen Westen", zum Kaufhaus des Westens in Charlottenburg, auch wenn es sich dabei streng genommen um eine andere Stadt handelt. Der alte Westen beginnt hinter dem Potsdamer Tor am Potsdamer Platz und den alten Villenvierteln südlich des Tiergartens. Wir nehmen nun allerdings am Leipziger Platz die Untergrundbahn, die uns zum Wittenbergplatz bringt. Der Bau der Strecke brachte Berlin und Charlottenburg einander näher und ließ die Tauentzienstraße zwischen Wittenbergplatz und Auguste-Viktoria-Platz mit der eindrucksvollen Kaiser-Wilhelm-Gedächtniskirche aufblühen. Im Stil der modernisierten italienischen Renaissance wollte man sich bewusst nicht an der sonstigen Kaufhausarchitektur Berlins orientieren, sondern die umliegende Wohnbebauung respektieren und sich architektonisch entsprechend zurückhalten. Der Bau dauerte nur 260 Tage, bei Baukosten von 20 Millionen Mark. Der große Häuserblock, der dafür weichen musste, war gerade einmal zehn Jahre alt! Hinter den 88 Meter langen Fassaden am Tauentzien verbergen sich 24 000 Quadratmeter Verkaufsfläche. Hinein geht es durch das mächtige Eingangsportal mit dem schon heute berühmten kunstvoll gearbeiteten Gitter, darüber ein tief eingeschnittenes Kassettengewölbe. Das Emblem der Kaufhausgesellschaft ist ein bronzevergoldetes Schiff mit windgeblähten Segeln. Neben 120 Abteilungen gibt es eine Leihbibliothek mit Lesezimmer, Teesalon (schwedische Birke mit Grün), Damenzimmer, Frisiersalons, Reisebüro, Photographisches Atelier und und und. Hervorzuheben sind auch die Lichtzimmer der Damenkonfektion, wo sich eine elegante Abendrobe bei festlicher Beleuchtung erproben lässt.

Erbauer Abraham Adolf Jandorf wollte den Brüdern Wertheim Paroli bieten – und nicht nur das gelang ihm, der Bau der KaDeWe stand am Beginn einer Entwicklung, die aus einer erstklassigen Wohngegend eine exklusive Einkaufsmeile machte. Jandorf erreichte, was er wollte: Die reichen Damen des Berliner Westens mussten fortan nicht mehr bis zum Leipziger Platz fahren, um standesgemäß einkaufen zu können. Schon bald nach der Eröffnung hieß es in einer Berliner Zeitschrift: „Dieser verteufelt anspruchsvolle Westen fordert ein neues Ding an sich, eine Quintessenz des Kaufhauses in einer eigens geschaffenen Kunstform." Das sprach sich herum, selbst der König von Siam kam schon bald nach der Eröffnung des Hauses, sah sich zwei Tage ausgiebig um und gab dabei eine viertel Million Reichsmark aus.

Der jährliche Bedarf des Kaufhauses an elektrischem Strom entspricht ungefähr dem einer Großstadt von 100 000 Einwohnern. Es besitzt 850 automatische Feuermelder, 280 Fernsprechstationen, 24 Aufzüge, im Keller Kühl- und Gefrierräume, Kühlleitungen für die zehn Kühlschränke in den oberen Etagen. Besonders repräsentativ sind die Schauräume des Erdgeschosses, das eine zweigeschossige Halle hat. Eine europäische Neuheit ist das Zentralkassensystem mittels Druckluftrohrpost – 18 Kilometer lang!

Zum Flanieren in der Großstadt gehört der Kaufhausbesuch längst dazu. Darin bestand ja das Neue der Warenhäuser, dass kein Kaufzwang herrscht und die Waren ausgiebig inspiziert werden dürfen, auch wenn man sie dann nicht ersteht – oder sie problemlos umtauschen kann, was früher ebenso undenkbar war. Oft genug sind die Preise aber so günstig kalkuliert, dass ein Kauf auch spontan zustande kommt – sehr zum Nutzen der Geschäftsleute.

CHARLOTTENBURG, PREUSSENS REICHSTE STADT

Von Berlin aus gelangt man am bequemsten mit der Hoch- und Untergrundbahn nach Charlottenburg – dieses modernste Stadtverkehrsmittel lässt noch dazu erkennen, womit man es im Falle Charlottenburgs zu tun hat: mit der reichsten Stadt Preußens, die sich tapfer gegen die Reichshauptstadt behauptet. Den Charlottenburgern geht es gegen den vornehmen Strich, dass sie wahrscheinlich die längste Zeit unabhängig waren, weil zum Zwecke der besseren Verwaltung und Entwicklung der Ballungsraum Berlin und Umgebung in den nächsten Jahren zu einer Einheit zusammengefasst werden soll. Die Untergrundbahn aber betont für alle Zeiten die Exklusivität des Rivalen, denn während auf dem Berliner Teil die Streckenführung aus Kostengründen als Hochbahn ausgeführt wurde, was der Bülowstraße den Nervenkitzel eines Wohnhauses mit Hochbahndurchfart bescherte, bestand Charlottenburg auf einer Untergrundbahn. Also endet am Nollendorfplatz die Aussicht auf lange Reihen

Mietshäuser und Behördenbauten, auf schattige Grünzüge und Großstadttreiben, wenn die Bahn auf der Kleiststraße zwischen Jugendstilpilastern abwärtsrattert und in einen dunklen Tunnel einfährt.

Wem die Fahrt durch Tunnelröhren zu eintönig erscheint, dem sei die nur geringfügig altmodischere Fahrt mit dem Omnibus oder der bequemeren Straßenbahn empfohlen, die nicht minder verdeutlicht, dass zwischen Berlin und Charlottenburg mehr liegt als eine Stadtgrenze. Vom Brandenburger Tor aus geht es in direkter Strecke zunächst entlang der Charlottenburger Chaussee, die das Brandenburger mit dem Charlottenburger Tor verbindet, durch den Tiergarten |**1**|, einst Jagdgebiet der Hohenzollern, heute ein öffentlicher Park. Auf der Fahrt queren wir Siegesallee, Kleiner Stern mit schöner Sichtachse rechter Hand zum Schloss Bellevue, das Prinz Friedrich als Wohnsitz dient (Besichtung bei Abwesenheit der königlichen Familie 11 bis 17, sonntags 10 bis 16 Uhr), Großer Stern und den Bahnhof Tiergarten der Stadtbahn. Das Charlottenburger Tor |**2**|, ein Pfeilerbau mit seitlichen Kolonnaden, wurde erst vor zwei Jahren als Pendant zum Brandenburger Tor errichtet und trägt zwei Bronzestandbilder: Links steht Stadtgründer Friedrich I. mit Zepter und Hermelin des ersten Preußenkönigs, rechts seine Gemahlin Sophie Charlotte mit einem Modell der Lietzenburg, die später ihr zu Ehren ebenso Charlottenburg benannt wurde wie die neu gegründete Stadt. Vorbei geht es

1908 erhielt das Brandenburger Tor sein Charlottenburger Pendant, hier von Charlottenburg aufgenommen.

Voller Stolz über das Erreichte beging Charlottenburg den 200. Stadtgeburtstag und gönnte sich ein eindrucksvolles neues Rathaus.

noch an prächtigen Steinkandelabern, die die Brücke über den Landwehrkanal majestätisch flankieren, sodann am palastartigen Gebäude der Technischen Hochschule Charlottenburg. Die nunmehrige Berliner Straße macht am „Knie" einen Knick nach rechts, vorbei an parkähnlichen Gärten mit Villen reicher Bürger, darunter die des verstorbenen Werner von Siemens, der 1881 die erste elektrifizierte Straßenbahn in Lichterfelde südlich von Berlin vorstellte. In der Villa Siemens erstrahlte außerdem 1879 das erste elektrische Licht des Deutschen Reiches. Am Wilhelmsplatz steigen wir aus.

Um die Jahrhundertwende wurde nahe des Platzes, der einstmals als Pferdemarkt diente, das neue Rathaus errichtet |**3**|, das wie das Stadttor und andere Baulichkeiten zugleich Charlottenburger Selbstvergewisserung und Signal an die Reichshauptstadt ist: Man will um keinen Preis zum Bezirk eines vergrößerten Berlins degradiert werden. Das enorme Selbstbewusstsein der Stadt zeigt auch der 89 Meter hohe Rathausturm, dessen Höhenmaß den Kaiser nachhaltig vergrätzt haben soll. Der Turm nimmt nämlich aus Richtung Berlin der weiter hinten folgenden, 40 Meter kleineren Kuppel des Charlottenburger Schlosses die Wirkung (Aufstieg von April bis September täglich 10 bis 15 Uhr, Eintritt 20 Pfennige). Mit der Einweihung beging man 1905 das zweihundertjährige Stadtjubiläum. Die Baukosten waren wie so oft stark gestiegen – von veranschlagten drei auf über vier Millionen Goldmark. Die Fassade beeindruckt mit aufwendiger Jugendstil-Ornamentik, die zugleich an mittelalterliche Rathäuser erinnert – die stolze Zeit der städtischen Freiheit.

Charlottenburg kann nicht auf eine mittelalterliche Gründung zurückblicken, was den Stolz der Bürger kaum trüben kann. Wir nehmen die Kirchhofstraße nach Lietzow, wo die Ursprünge hiesiger Besiedlung liegen. Den ursprünglichen, dörflichen Charakter lässt der alte Anger mit der neugotischen, 1848 von Friedrich August Stüler entworfenen Kirche erkennen. Lietzow wurde 1213 von Spandauer Nonnen gegründet, Charlottenburg aber erst 1720 eingemeindet. Auf der anderen Seite befindet sich das Gebäude der ersten Charlottenburger Berufsfeuerwehr. Das Löwendenkmal in der vorbildlich gepflegten Parkanlage wurde 1875 für die Gefallenen der Einigungskriege errichtet. Prächtig ist die zweistöckige, spätklassizistische Villa Kogge aus dem Jahr 1864, kürzlich übernahm die Stadt sie vom Bankier Volkmar. Die Halle ist nicht überzogen groß, aber doch sehr erlesen gestaltet. Selten für Charlottenburg ist die Bildgestaltung der Fassade, darunter drei Reliefs mit Darstellungen aus dem Leben des großen Friedrich, Kopien von Christian Daniel Rauchs Entwürfen für

Renommierbauten rund um Berlin

Es ist kein Zufall, dass seit der Jahrhundertwende rund um Berlin neue, aufwändige Rathäuser entstehen. Zum einen wächst der Großraum und ehemalige Dörfer oder Gemeinden erlangten Stadtrecht. Zum anderen ist der Widerstand gegen die geplante Vergrößerung Berlins auf Kosten des Umlandes beträchtlich – da ist ein neues Rathaus auch ein Bekenntnis zur Eigenständigkeit. Schon ein knappes Jahrzehnt vor dem Stadtrecht erhielt Lichtenberg 1898 ein neues Rathaus, Köpenick folgte 1905, Rixdorf 1909. In Spandau hat man mit einem Neubau gerade begonnen, der sich in Schöneberg noch verzögert. Im nächsten Jahr soll dort der Grundstein gelegt werden. Anzunehmen ist also, dass all diese imposanten Bauten schon in wenigen Jahren zu Bezirksverwaltungen degradiert werden.

das Reiterdenkmal Unter den Linden. Wir wenden uns nach links, passieren die älteste katholische Kirche Charlottenburgs (1875) und nehmen die kurze Havelstraße zur Spree. Das gegenüberliegende Ufer ist kaum bebaut, jedoch künden einige Industrieanlagen mit Schornsteinen bereits vom industriellen Aufschwung, vor allem das Kraftwerk aus rotem Ziegel und mit kegelbedachten Ecktürmen. Aber auch diesseits des Flusses kann die Stadt noch wachsen.

Auf dem Charlottenburger Ufer passieren wir das einstige Vergnügungsetablissement „Flora“, der Kaisersaal darin war einst der größte Festsaal des Reiches. 1874 eingeweiht, erhoffte man sich einträglichen Zustrom, der aber die wechselnden Besitzer nicht zufriedenstellte, trotz einiger Attraktionen: von Hochradrennen über Heißluft-Ballon-Schauen bis zu Buffalo Bills Wildwestshow. Nunmehr wachsen auch hier Mietshäuser in den Himmel. Wir erreichen die Zugbrücke und dahinter den Schlosspark Charlottenburg. Zunächst geht es am reizenden Schinkelpavillon entlang, erbaut als Sommerhaus für Friedrich Wilhelm III., dem nach italienischem Flair verlangte. Bewohnt wird es heute nicht mehr, es dient zur Unterbringung eines Teils der königlichen Hofbibliothek. Sodann nehmen wir den Weg über den parkartigen Luisenplatz, dessen Baumsäumung zum Missvergnügen vieler den Blick auf den Neuen Flügel verdeckt – der stammt aus der Zeit Friedrichs des Großen, der Schloss Charlottenburg von Georg Wenzelslaus von Knobelsdorff erwei-

1699 als Sommersitz der späteren Königin Sophie Charlotte eingeweiht und seither beachtlich angewachsen: Schloss Charlottenburg.

tern ließ. Das Denkmal für Kaiser Friedrich III. flankieren Apollo und Athene auf hohen Säulen. Gegenüber am Marstall des Regiments Garde du Corps steht ein alter Meilenstein – genau eine preußische Meile entfernt ist das Berliner Schloss: 7,53 Kilometer.

Dann erreichen wir am Ehrenhof den ältesten Teil des Schlosses |**4**|. Das Mittelstück wurde 1695 bis 1699 als kurfürstliches Lusthaus errichtet, damals noch ohne den Kuppelturm. Mit der Erhöhung Preußens zum Königtum 1701 wurde es für Königin Sophie Charlotte zur barocken Dreiflügelanlage nach französischem Vorbild erweitert und durch den Kuppelturm bekrönt, auf dessen Spitze die Göttin Fortuna mit ihren Attributen, dem Tuch und der Kugel, thront. Vor allem für die Gartenseite stand das allerdings ungleich größere Versailles Pate, denn in Sachen Hofhaltung und Prachtbauten war der französische König Ludwig XIV. europaweit das Maß aller Dinge.

Viele Hohenzollern haben hier vorübergehend oder für längere Zeit Wohnung genommen, darunter neben Friedrich dem Großen die „Königin der Herzen" und Mutter des ersten deutschen Kaisers, Luise. Sie liegt im Mausoleum |**5**| des Parks (täglich geöffnet) begraben, einem dorischen Tempel und Begräbnisort auch ihres Mannes Friedrich Wilhelm III. und ihres Sohnes Wilhelm I. Kaiser Friedrich III. war der letzte Monarch aus

Kleinod Schlosspark

Ein besonderes Kleinod ist der Park des Schlosses Charlottenburg, denn es ist der erste Barockpark nach französischem Vorbild auf deutschem Boden. Hier erging sich die „Philosophin auf dem Thron“ Sophie Charlotte mit dem Philosophen Leibniz beim anspruchsvollen Gespräch – man sagt, ihr Mann habe es schwerer gehabt, sie sehen zu dürfen. Bauwerke im Park sind das berühmte Mausoleum der Königin Luise, die das Schloss bewohnte, sowie das Teehaus Belvedere unweit der Spree. Der Architekt des Brandenburger Tores, Carl Gottfried Langhans, erbaute es für König Friedrich Wilhelm II. 1788/89. Der König ließ der Mode der Zeit entsprechend den Schlossgarten nach dem Vorbild eines englischen Landschaftsparks umgestalten. Dieses einzigartige Gartendenkmal wurde bedauerlicherweise in den letzten Jahren durch die städtische Entwicklung und zudem den Bau der Eisenbahn beschnitten.

dem Geschlecht der Hohenzollern, der hier wohnte. Damals kam seine Schwiegermutter Queen Victoria von England zu Besuch und logierte in der Wohnung Friedrichs des Großen. Bis heute dient das Schloss dem Empfang hoher Gäste und als würdige Kulisse für Familienfeiern der kaiserlichen Familie.

Sophie Charlotte starb 1705 weit vor der Zeit, und der König benannte das Schloss in Charlottenburg um und gründete die gleichnamige Stadt. Vom Umfang her verdiente diese Siedlung diese Bezeichnung noch nicht recht, selbst noch vor einem Jahrhundert zählte man nur wenige Tausend Einwohner. Nunmehr aber hat Charlottenburg über 300 000 Bürger! Damit ist es die elftgrößte Stadt des Reiches und weist eine Zuwachsrate auf, die um das Zweieinhalbfache über dem deutschen Durchschnitt liegt. Man profitierte von der Nähe zu Berlin und von industriellen Neuansiedlungen.

Gegenüber dem Ehrenhof, am Beginn der repräsentativen, 60 Meter breiten Schlossstraße, steht das Standbild des Prinzen Albrecht, des verdienten Generals, links und rechts flankiert von den Stülerschen Kasernenbauten. Sie sind würdige Hüter der breiten Schlossstraße, auf deren grünem Mittelstreifen wir nach Süden flanieren – oder wieder die Elektrische nehmen (Linien 80 und 81). Vorbei geht es an herrschaftlichen Häusern mit gepflegten Vorgärten bis zum Sophie-Charlotte-Platz und weiter

Preußischer Gedenkort: das Mausoleum der Königin Luise im Schlosspark Charlottenburg. Auch ihr Sohn Kaiser Wilhelm I. wurde hier beigesetzt.

auf der Suarezstraße mit der ausgesprochen großzügigen Anlage der Feuerwehr und pompösen Mietshäusern zum Amtsgericht an der Kantstraße. Dieser Teil der Stadt ist erkennbar neu und großzügig angelegt, mit breiten Gehwegen und gefälligen Turmaufbauten an den Straßenecken. Nur die Bäume rundum sind noch klein. Das glanzvollste Stück steht aber noch aus: der Kurfürstendamm.

Man kann bei Fontane nachlesen, wie noch bis vor wenigen Jahren der westliche Teil des Kurfürstendammes überaus ländlich und nahezu unbebaut war. Der Kurfürstendamm diente als bescheidener Knüppeldamm vermutlich schon seit dem 16. Jahrhundert den Hohenzollern als Reitweg ins Jagdgebiet Grunewald. Damm nannte man ihn, weil an den Seiten zwischen Feldern und Wiesen Feuchtgebiete lagen, die mitunter morastig wurden. Die Initiative für den Ausbau ging 1869 vom späteren Reichskanzler Fürst Bismarck aus, der eine bequeme Reitverbindung in den Grunewald wünschte. Nach der Reichsgründung strebte man höher, im Sinne einer Prachtstraße nach Pariser Vorbild, wohl aber mit einem Reitweg in der Mitte der Avenue. Schließlich wurde eine Straßenbreite von 53 Metern festgelegt (etwa dreimal so breit wie sonstige Straßen) und in den 1880er-Jahren gebaut. Im Frühjahr 1886 wurde eine Dampfeisenbahn eingeweiht (seit 1899 elektrisch) und der Boulevard des Westens sozusagen in

Betrieb genommen – die Grundstückspreise waren inzwischen schneller davongaloppiert, als der Reiter Bismarck sich das hätte vorstellen können. Die Häuser entstanden seit den 1890er-Jahren, aber so richtig in Fahrt geriet die Bauwut hier seit der Jahrhundertwende. Nur wenige Baulücken gibt es noch, andererseits wird so manches stattliche Haus am östlichen Ende schon wieder abgerissen, weil mit mehr Stockwerken höhere Renditen zu erzielen sind. Fast im gleichen Atemzug wandelt sich das Straßenbild des zunächst reinen Wohnboulevards zur exklusiven Geschäftsmeile, wofür allerdings immer mehr Vorgärten weichen müssen. Auch eine Untergrundbahn bis zum Ringbahnhof Halensee ist in Planung.

Die Wohnungen am Ku'damm sind kaum noch als Mietswohnungen zu bezeichnen, so herrschaftlich geht es in ihnen zu. Schon die Hausentrées sind regelrecht einschüchternd: Marmorsäulen, Holztäfelung, feinster Stuck, Blattgoldverzierungen, Kristalllüster, geschliffene Spiegel – und ein Kabuff für den wachsamen Portier, Zerberus im Dienst des Privaten. Wohnungen mit fünfzehn, zwanzig Zimmern sind keine Seltenheit, mit großen Salons zur Straße hin, erlesenen Interieurs, aufwändigem Parkett, komfortablen Badezimmern. Auf der Straße sieht man fein gekleidete Kinder mit ihren Kindermädchen. Entlang an gepflegten Vorgärten, wo in unregelmäßiger Folge Schankgärten zum Verweilen einladen, geht es in Richtung Osten. Immer mehr Millionäre und sogar Multimillionäre siedeln sich hier an, an die hundert sollen es bereits sein. Erstmals hier lassen sich die Reichen, darunter viel Prominenz, eine Etagenwohnung gefallen – natürlich bei entsprechendem Luxus –, während man zuvor Stadthaus oder Landvilla sein Eigen nennen wollte. Dazu gesellen sich Gesandtschaften fremder Staaten. Zunehmend offnen aber Geschäfte, zumal im östlichen Teil, und bereiten der hiesigen Behaglichkeit ebenso ein Ende wie die Herrenfahrer in ihren Automobilen. Diese sind hier in der Heimat der Geldaristokratie naturgemäß besonders häufig zu sehen, auch hier werden Pferdeställe in Garagen umgebaut. Derzeit kommt in Charlottenburg auf 394 Personen ein Automobil; im Reichsdurchschnitt sind es gerade mal 2621! Wie nirgendwo in Berlin ist dieser Boulevard eine große, stattliche Bühne, für die die palastartigen Häuser ein alle paar Meter wechselndes Bühnenbild abgeben, zumal an den zahlreichen Kreuzungen, von der keine der anderen gleicht.

Insgesamt wohnen derzeit knapp 36 000 Menschen hier, einige Häuser entlang der Strecke wollen wir hervorheben: Anstelle des noch in Bau befindlichen „Boarding-Palastes“ (Nr. 193/94) war ursprünglich ein Opernhaus geplant. Mondän wird es hier trotzdem zugehen. Das Hotel richtet

Kritik am Stilmischmasch

Der feinsinnige Sohn des AEG-Gründers, Walther Rathenau, hat das architektonische Stilchaos im Neuen Westen scharf kritisiert: „Hier ein assyrischer Tempelbau, daneben ein Patrizierbau aus Nürnberg, weiter ein Stück Versailles, dann Reminiszenzen vom Broadway, von Italien, von Ägypten … tausend missverstandene Formen quellen aus den Mauern." Wie nirgendwo in Berlin ist der Kurfürstendamm eine große, stattliche Bühne, für die die palastartigen Häuser ein alle paar Meter wechselndes Bühnenbild abgeben, zumal an den zahlreichen Kreuzungen, von der keine der anderen gleicht.

sich an zahlungskräftige Berlinbesucher, die für längere Zeit Quartier nehmen wollen, und wird vom Zimmer bis zum Appartement mit Hauspersonal alle Wünsche befriedigen. Vorgesehen sind ein prächtiger Kaisersaal, russisch-römische Bäder und ein Swimmingpool im Dachgeschoss, Café, Lesezimmer, Grill-Room, Gesellschaftsräume, Innenhofgärten mit Brunnen und einiges mehr. Es wird dem Vernehmen nach Berlins größtes Hotel werden. Eins der prächtigsten Wohnhäuser steht an der Ecke Leibnizstraße – mit Kuppelturmdach, großen Balkonen, Erkern und Ziergiebeln. Pro Etage gibt es zwei großzügige Wohnungen, die größte umfasst 580 Quadratmeter. Die Türme gehen zum einen auf den kaiserlichen Wunsch zurück, möglichst viele Türme zu bauen. Die Berliner nennen sie „Hypothekentürmchen", weil die Banken für den Bau umso mehr Kredit gaben, je aufwändiger die Häuser gestaltet wurden. Da passt es, dass im Erdgeschoss die Commerzbank residiert. Das Haus Nummer 48-50, Ecke Schlüterstraße, bewohnt der Besitzer und Architekt Heinrich Munk höchstselbst, einer der hiesigen Millionäre. Das Haus ist reich mit Erkern und Säulen, Ziergiebeln, Atlanten und Karyatiden verziert und es gibt einen Turm an der stumpfen Ecke zum Boulevard hin, dessen Helm die Siegesgöttin Victoria ziert.

An der Ecke Uhlandstraße steht das sogenannte „Uhlandschloss" mit üppiger Fassade, in dem auch wir den Prunk der Nachbarschaft genießen können, denn hier serviert das Café Möhring beste Kuchen und Torten in erlesenem Interieur. Zu den herrschaftlichen Wohnungen führt ein hochmoderner hydraulischer Aufzug! In Haus Nummer 218 residiert die kaiserlich chinesische Gesandtschaft, deren Gesellschaften wegen der

Künstlerische Abspaltung

Aus Entrüstung über die staatliche Kunstpolitik gründeten Berliner Künstler 1898 die Berliner Secession. Anlass war die Zurückweisung eines Bildes des Berliner Malers Walter Leistikow durch die Jury der Großen Berliner Kunstausstellung. Zu den Secessionisten gehörten unter anderem Max Liebermann, Emil Nolde, Lovis Corinth und viele andere. Ihre erste Ausstellung eröffneten sie 1899 in Charlottenburg – in einiger Entfernung vom hauptstädtischen Kunstbetrieb der Reichshauptstadt. Als dessen Protagonisten gelten vor allem der Hiostorienmaler Anton von Werner – und Kaiser Wilhelm II., der als „Rinnsteinkunst" verhöhnte, was seinem konservativen Geschmack nicht entsprach.

chinesischen Umgangsformen und Gewänder, aber auch der exotischen Köstlichkeiten aus Fernost sehr beliebt sind.

Viele Künstler, die mit ihrer Arbeit zu Geld gekommen sind, wohnen am oder beim Kurfürstendamm, ebenso Kunstmäzene, deren Privatsammlungen mitunter sogar besichtigt werden können. Als sich 1899 die Berliner Künstlerschaft spaltete – in konservativ und modern, um es einfach zu machen, erhielt die sich abspaltende „Berliner Secession" in Charlottenburg Asyl. Inzwischen residiert die Berliner Sezession mit ihrem Ausstellungshaus am Ku'damm – der Neue Westen wurde stolzer Sitz der künstlerischen Avantgarde. Das Ausstellungsplakat zur Eröffnung zeigte mit klarem Verweis auf des Kaisers Kunstgeschmack eine Dame, die aus dem Rinnstein Blumen klaubt. Hier hat sich Berlins aktueller Ruf der Weltkunstmetropole gebildet, nicht in den akademischen Hallen der „überkommenen Kunst", als welche sie mancher ansieht. Der zurückgesetzten, sozusagen dem Straßenkantenkommerz entzogenen, barocken Gebäudefront des Secessionshauses ist ein Arkadengang vorgelagert. Neben den Ausstellungsräumen gibt es eine Gastronomie und seit einigen Jahren enthält es auch ein Theater.

An der mondänen Ecke Joachimstaler Straße ist links am Hardenbergplatz der Stadtbahnhof Zoologischer Garten erkennbar, aber wir streben dem Auguste-Viktoria-Platz zu, benannt nach der Kaiserin, die ihn von der Stadt Charlottenburg 1890 zum Geburtstag geschenkt bekam: ein Straßenknoten, der das Wachstums des Berliner Großraums symbolisiert und

Nicht einmal die Hauptstadt hat mehr zu bieten: Der höchste Kirchturm weit und breit ist der der Kaiser-Wilhelm-Gedächtniskirche: 113 Meter.

weiter befördert. Daneben ist dies der glanzvolle Höhepunkt des Neuen Westens, der mit einer imposanten Kirche |**6**| Berlin in den Schatten stellt. Kein Kirchturm dort ist so hoch wie ihrer: 113 Meter hoch ragt der Hauptturm in den Himmel.

1895 wurde der neugotische Sakralbau in Anwesenheit des Kaiserpaares eingeweiht, dem die Dimensionen sicher nicht missfielen – der weit aufragende Hauptturm, noch betont durch die niedrigeren Nebentürme, das große Langschiff mit über zweitausend Plätzen, die kraftvolle Orgel ... In den Kirchenraum gelangt man durch eine Gedächtnishalle für Kaiser Wilhelm I., den Reichsgründer, die allerdings erst 1906 eingeweiht wurde. Mosaik- und Reliefdarstellungen an den Wänden erinnern an das religiöse Leben des Herrschers. Rundherum die „Prozession der Hohenzollernfürsten", von Kurfürst Friedrich I. bis zu Kaiser Friedrich III. Überdeutlich ist hier die Allianz von Kirche und Staat, von Monarchie und Glaube symbolisiert. Im Kirchenraum, ebenfalls mit reichem Mosaikschmuck, wacht auf dem Hauptaltar die Jesusfigur des Bildhauers Fritz Schaper. Auf der verschwenderischen Kanzel auf Marmorsäulen ruht die Bibel auf einem preußischen Adler. Der Kaiser wollte auch hier der Pracht und Herrlichkeit Preußens und vor allem seiner hohenzollerschen Herrscher huldigen – beziehungsweise huldigen lassen. Die gewaltigen Baukosten von fast 6,5 Millionen Mark (zehnmal so viel wie ursprünglich veranschlagt) kamen übrigens durch Spenden aus allen Teilen des Reiches zusammen, das Kaiserhaus gab eine halbe Million. Auf beiden Seiten die architektonisch mit der neugotischen Kirche korrespondierenden Romanischen Häuser mit Gastronomie und herrschaftlichen Wohnungen für „Familien mit großer Lebensführung".

Der Bau von Kirchen hat für das Kaiserpaar höchste Priorität – was natürlich offiziell nicht mit fürstlichem Prestigedenken begründet wird, sondern mit der Notwendigkeit, der wachsenden Bevölkerung ausreichende Seelsorge zukommen zu lassen. Wer mag dem widersprechen? Noch bei seiner Thronbesteigung wies Wilhelm eine städtische Abordnung an: „Sorgen Sie dafür, dass in Berlin Kirchen gebaut werden!" Seither wurden im Großraum Berlin über hundert Kirchen errichtet, drei Viertel davon protestantisch. Nicht alle sind so prominent platziert, manche sind gar in Hinterhöfe gebaut – aber die Anstrengung ist gleichwohl überaus bemerkenswert.

Wir beenden unsere Erkundung ein Stück weiter am prächtigen Japanischen oder Elefantentor mit der Möglichkeit, noch den Zoologischen Garten zu besuchen. Der Zoo wurde 1844 eröffnet und war aus einer königlichen Fasanerie aus der Zeit Friedrichs des Großen hervorgegangen. Anfangs waren die Berliner skeptisch, also legte man parkähnliche Promenaden an und errichtete den Tieren prächtige Häuser – denen dürfte das gleichgültig sein, aber die Besucherzahlen hat es merklich in die Höhe getrieben. Herauszuheben sind das indisch gestaltete, imposante Elefantenhaus, das ägyptisierende Straußenhaus oder das Blockhaus für die Hirsche des zoologischen Gartens.

VON HALENSEE DURCH DEN GRUNEWALD ZUR KOLONIE WESTEND

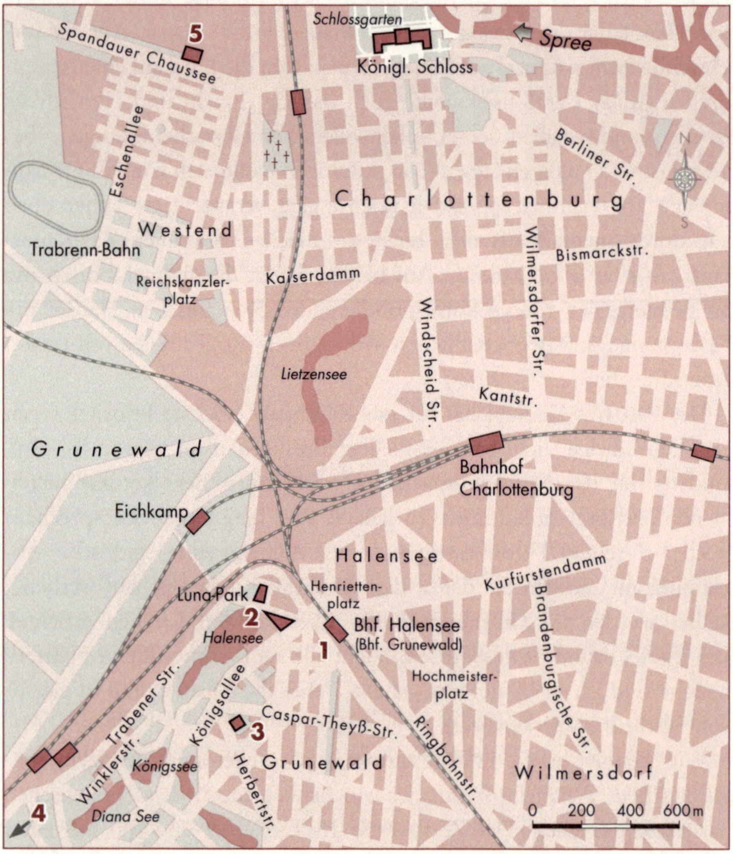

Unsere Erkundung des weiteren Westens beginnen wir am westlichen Ende des Kurfürstendamms, in Halensee. Der Ringbahnhof |**1**| hieß früher Grunewald – als der hier noch begann, bevor man ihn zurückdrängte. Von hier geht es über den Henriettenplatz zunächst an frisch errichteten Mietspalästen vorbei zum Eingang des Lunaparks |**2**|. Eben erst gegründet, lockt der größte Vergnügungspark des Kontinents das

Die Berliner gelten als amüsierwütig, und der Luna-Park in Halensee ist dafür der beste Beweis.

Publikum von nah und fern. Die Anlage ist überaus imposant, schon der Eingang in assyrischem Stil stimmt ein, dann folgt ein Arkadenweg zu drei großen Terrassen am See. Die Eingangstürme aus buntem Glas werden bei Dunkelheit erleuchtet. Vom Kurfürstendamm ergießt sich ein Wasserfall in den See, Freitreppen lassen einfache Mamsells zu Revuegirls werden. Der Lunapark hat den New Yorker Vergnügungspark Coney Island zum Vorbild und ist damit überaus erfolgreich: Beim Amüsement kann es den Berlinern gar nicht bombastisch und massenselig genug hergehen, könnte man meinen – in diesem Jahr wurde der millionste Besucher begrüßt. Zu denen gehören übrigens auch Avantgardearchitekten, die sich von der eindrucksvollen Kulisse inspirieren lassen und die Illuminationen für wegweisend erklären.

Das Vergnügen ist freilich nicht unbedingt preiswert – abhängig von der Zahl der Fahrgeschäfte, die man ausprobieren will, denn alles kostet einzeln. Die Zerstreuungen sind vielfältig, das Angebot reicht von einer Achterbahn mit 80-prozentigem Gefälle, Wirbelschaukel, Teufelsscheibe über das beliebte Lachhaus mit großen Zerrspiegeln und die wackelnde Zickzacktreppe bis zu einer Wasserrutschbahn, mit einem Wort: nichts für humorlose Zeitgenossen und schwache Mägen. Beliebt sind die jährlich wechselnden Völkerschauen, in diesem Jahr ist Somali an der Reihe. Dabei

Vorbild New York

Berlin will sich nur mit den großen Weltmetropolen messen lassen, und in Sachen Moderne, Tempo und Amüsement ist New York ein akzeptierter Maßstab. Vorbild für den Luna-Park in Halensee war Coney Island, der berühmte Vergnügungspark am südlichen Zipfel des Stadtteils Brooklyn. Ein kleiner Wermutstropfen ist allerdings die Tatsache, dass das amerikanische Pendant älter ist und zudem der größte Vergnügungspark der Welt. Der Lunapark am Halensee hat zudem das Problem, in seinem Wachstum begrenzt zu sein, da rundherum die städtische Bebauung vorrückt.

kommt übrigens häufig die kolonialistische Überheblichkeit zum Vorschein, etwa wenn Berliner Väter wegen der „Eingeborenen" um die Unschuld ihrer Töchter fürchten, aber auch in zahllosen Äußerungen der Besucher, man mag sie belauschen. Überhaupt geht es häufig derb zu hier im Lunapark, aber das scheint dem Geschmack der Zeit zu entsprechen. So manches Spiel gibt dem Publikum die Möglichkeit, die Teilnehmer lautstark zu verhöhnen. Andere Darbietungen zielen auf die Nerven des Publikums, wenn sie bekannte Menschheitskatastrophen mit großer Technik und viel Getöse in Szene setzen. Ab dem Nachmittag wird hier getanzt bis in die Nachtstunden, seit Kurzem gibt es den Schautanzsaal „Mon Plaisir" mit Tischtelefonen zur Kontaktanbahnung. Daneben gibt es in prachtvoll ausgestatteten Sälen Theateraufführungen, Modeschauen, Kabarett, Konzerte und vieles mehr. Für den naturnahen Ausflugsgeschmack bietet aber auch eine gewöhnliche Badeanstalt ihre Dienste an.

Wer solcherart Vergnügungen nicht zugeneigt ist, mag die Villenkolonie Grunewald vorziehen. Vom Eingang zum Lunapark geht es in die sichtlich ländlichere Koenigsallee, die nun nicht mehr schnurgerade, sondern mit sanften Biegungen und leicht hangabwärts ins Herz der Villenkolonie führt. Nach 1889 wurden die sumpfigen Gebiete trocken- und vier künstliche Seen angelegt. Aus dem erlauchten Kreis der Reichen, die sich hier ansiedelten, heben sich diejenigen empor, die eins der begehrten Ufergrundstücke ergattern konnten. Hier haben wir die vornehme Welt der oberen Zehntausend erreicht, die sich viel exklusiver präsentiert als am Kurfürstendamm. Hier ist der Wohlstand sichtbar, denn die Anwesen sind umfänglich (das größte umfasst 80 000 Quadratmeter) und offen-

Zum Vergnügen gehört auch der eine oder andere Nervenkitzel.
Die Wasser-Rutschbahn im Luna-Park ist berühmt.

kundig von einem kleineren Geschwader Gärtner peinlichst gehegt und gepflegt. Es ist eine nur wenigen erschwingliche, aber desto attraktivere Mischung aus Landlust und Standesbewusstsein. In der Kolonie Grunewald wohnen Bankiers und Generaldirektoren, Hochschulprofessoren und wohlhabende Künstler, Fachärzte, Baumeister, aber auch müßiggängerische Privatiers. Die Verflechtungen der Bewohner untereinander sind vielfältig und das Intime des Kolonistendaseins wird überwiegend als angenehm empfunden: Künstler diskutieren ihre Arbeit beim Spaziergang in den Grunewald, Bankiers und Industrielle machen Geschäfte am Teetisch, ihre Kinder hecken gemeinsame Streiche aus.

Zu den Kolonisten erster Stunde gehören die Opernsängerin Lilli Lehmann, die sich über Nacht zum Grundstückskauf entschloss und nunmehr in der Herbertstraße in einem neobarocken Anwesen wohnt, und der Historienmaler Carl Röhling, der in der Caspar-Theyß-Straße 9 das erste Haus am Platz bezog. Nicht weit, in der Gillstraße 9, lebt die Frauenrechtlerin Helene Lange mit ihrer Lebensgefährtin Gertrud Bäumer, Herausgeberinnen des „Handbuchs der Frauenbewegung“ und der Zeitschrift „Die Frau“. Wir flanieren die Koenigsallee entlang, die nach einem der Koloniegründer benannt wurde: Felix Koenigs, übrigens Förderer der Secessions-Künstler, der an der Ecke Herthastraße wohnte. Es geht vorbei am Realgymnasium Grunewald **|3|**, in dem die mitunter arg ver-

Das Grunewald-Gymnasium in der Koenigsallee, idyllischer Lernort für die Kinder der Villenkolonie.

wöhnten Kinder der Kolonisten vom fernen Ernst des Lebens läuten hören. Reiche Nachbarn spenden gerne alles Mögliche, vom Bechstein-Flügel des Bankiers Mendelssohn über Buchspenden des Verlegers Fischer bis zu ausgestopften Tieren des Warenhausunternehmers Wertheim, der auch hier wohnt.

In der Koenigsallee 16 und 18, malerisch am Herthasee gelegen, wohnt der Chef des Berliner Bankhauses Mendelssohn, Robert Franz von Mendelssohn – Nachfahre des berühmten Philosophen Moses Mendelssohn, der einst bettelarm nach Berlin kam. Man verwechsle nicht Pförtnerhaus und Stallgebäude an der Herthastraße mit der eigentlichen Villa, die an das Potsdamer Schloss Cecilienhof erinnert! Auch der Kaiser verkehrt hier, er vermittelte als Architekten seinen Oberhofbaurat Dr. Ernst von Ihne. Mit einigem Recht gelten die Mendelssohns als die vornehmste Familie der Villenkolonie.

Am nächsten Knick, Ecke Erdener Straße, weiter rechts in Nummer 8 das Wohnhaus des einflussreichen Verlegers Samuel Fischer – hier verkehren die Schriftstellergrößen, zu denen der Verleger ein freundschaftliches Verhältnis pflegt: Thomas Mann, Stefan Zweig, Alfred Döblin, Hugo von Hoffmannsthal, Hermann Hesse, Gerhart Hauptmann, Rainer Maria Rilke und andere mehr. Außen am Haus prangt das berühmte Signet des Verlags. Für geistvolle Gesellschaften bietet das Haus viel Platz:

außer einer großen Halle hat es einen Speisesaal, eine große Bibliothek, ein Klavierzimmer und ein Teezimmer.

In Nummer 30/32 residiert im „Löwenpalais" die Brauereibesitzerin Emilie Habel – die Villa protzt mit einer pompösen Kuppel, die dem Gebäude vermutlich ungewollt das Aussehen einer Bonbonniere verleiht. Weiter unten wohnt in Nummer 65 seit Neuestem der Sohn des AEG-Gründers, Walther Rathenau, dessen „Jagdhaus" genanntes Domizil ein schmales Portal aufweist, was Bescheidenheit signalisieren soll. In der Tat hebt sich die Villa vom aufdringlichen Prunk wohltuend ab, bietet aber dem Vernehmen nach im Inneren dieselben Vorzüge. Rathenau ist nicht nur als AEG-Chef Nachfolger seines Vaters Emil, sondern vielseitig kulturell interessiert und engagiert und hegt angeblich politische Ambitionen. Hübsch ist das mäandernde Rankendekor über der Fensterkante des Erdgeschosses, das das gesamte Gebäude umläuft.

Wir aber wenden uns an der Fontanestraße nach rechts, entlang einem ausgedehnten Eckgrundstück, das riesige Landhaus mit Fachwerk und Türmchen gehört dem Bankier Carl Fürstenberg, der auch die Kolonie Grunewald möglich machte. Es hat eine doppelgeschossige gotische Halle – passend, aber doch sehr schwer mit gut abgehangener deutscher Eiche getäfelt und mit altdeutschen Möbeln bestückt. Der parkartige Garten kann mit Gärtner- und Kutscherhaus, Tennisanlage und Kegelbahn aufwarten. Auf den glanzvollen Gesellschaften Fürstenbergs und seiner Frau Aniela verkehrt die Hautevolee der Reichshauptstadt. Vorbei an weiteren Villen gelangen wir zum Bahnhof Grunewald, darunter bezaubernd ländlich, mit geschnitztem Balkon, Holzladen und holzverkleidetem Obergeschoss das Haus des Bankdirektors Hermann Rosenberg, der hier den Maler Walter Leistikow wohnen lässt – vortreffliche Inspiration für den „Maler der Mark Brandenburg"! Auf dem Weg liegt rechts die Bettinastraße, benannt nach der von Arnim, wo im Haus Nummer 4, das man eher als Schloss bezeichnen möchte, einer der Ullstein-Söhne wohnt. Gegenüber wohnt der Dramatiker Hermann Sudermann, dessen Stücke zu den meistgespielten auf deutschen Bühnen gehören. Vielleicht führt der Autor hier lautstarke Klage, wenn er sich von der Kritik schlecht behandelt fühlt. Vom Architekten Otto March unverkennbar englisch gebaut: hohe Kamine drängen aus dem Dach, weiß lackierte Balkone und Loggien zieren den Backsteinbau. Dann rechter Hand die Winkler Straße, in der weitere sehenswerte Villen stehen: Regelrecht einschüchternd auf ausgedehntem Anwesen ist die riesige Neorenaissancevilla des Stahlfabrikanten Ernst Noelle in Nummer 10, daneben sehr viel eleganter, da zurückhaltend klassizistisch die Villa des Arztes Paul Maren, mit bezaubernd buntem Sgraffitoband im Mezzanin. Und schließlich, erkennbar englisch angehaucht, in Nummer 11 ein Wohnhaus des Architekten Hermann Muthesius für Baurat Eduard Bernhard, in Nummer 7 die sehr vornehme Villa des Konsuls Louis Ludwig Kohnke – geradezu hanseatisch, vor allem der Figurenschmuck über den Balkonen. Parallel verläuft die Trabener Straße, wo der berühmte Komponist Engelbert Humperdinck wohnt (Nummer 16) und besonders privilegierte Meisterschüler zu Übungsstunden empfängt. Dort wohnt auch die Tänzerin Isadora Duncan. Wir setzen unsere Erkundungstour in der Natur fort.

1899 gebaut und mit einem burgtorartigen Portal versehen, nutzen die Berliner und Charlottenburger den Bahnhof, um von hier aus ins Grüne zu fahren. Und tatsächlich, sobald die ersten Bäume des Grunewalds erreicht sind, wird es sommerfrisch, die Gesichter sind entspannter, die Kleidung ländlicher, der Gang gemächlicher, die Stimmen lustiger. Übrigens sei Ortsunkundigen abermals empfohlen, eine der Kutschen zu nehmen, die auch hier am Bahnhof zur Verfügung stehen, denn wir haben noch ein gutes Stück Weg vor uns.

Wir folgen den Wegweisern zum Kaiser-Wilhelm-Turm |**4**| nahe der Havel weiter westlich. Er wurde 1897 auf den 79 Meter hohen Karlsberg gebaut, Baumeister war Franz Schwechten. Freitreppen führen zum Eingang, in die Ehrenhalle für Wilhelm I., der hier väterlich-streng und im preußischen Uniformrock auf uns blickt, umgeben von Otto von Bismarck und den preußischen Generälen. Ein Mosaik vor der Halle zeigt das Wappen des Kreises Teltow, der den Turm zu Ehren des preußischen Königs und ab 1871 deutschen Kaisers Wilhelm I. errichten ließ – der preußische Adler prangt ungleich markanter auf halber Höhe zur Turmspitze.

Im Stil der märkischen Gotik aus Backstein errichtet, reicht der Turm eindrucksvolle 55 Meter hoch, 204 Stufen führen zur Aussichtsplattform. Der beschwerliche Aufstieg lohnt sich, denn der Ausblick ist überaus eindrucksvoll. Im Westen fließt behäbig die Havel, an ihren Ufern sind stets Angler, zur warmen Jahreszeit vor allem Sommerfrischler mit ihren Picknickkörben. Auf dem Wasser sieht man Segeljachten und Ruderboote der nahen Rudervereine, die hier vortreffliche Bedingungen zum Trainieren vorfinden. In südlicher Richtung kann man bei gutem Wetter Potsdam erkennen, davor die Anhöhe des Schäferberges bei Wannsee und weit hinten in Richtung Osten die Silhouette Berlins mit seinen schlanken Kirchtürmen. Links von Berlin liegt die Stadt Charlottenburg mit dem auch von hier aus stolzen Turm der Kaiser-Wilhelm-Gedächtniskirche.

Jagd- und Erholungsgebiet Grunewald

Der Grunewald hieß ursprünglich Teltowsche Heide und erhielt seinen heutigen Namen vom Jagdschloss, das Kurfürst Joachim II. 1542 am Grunewaldsee errichten ließ. Bis 1903 kamen die Kurfürsten, Könige und Kaiser hierher zum Jagen, nunmehr dient das ausgedehnte Waldgebiet ganz der Forstwirtschaft und als Ausflugsziel der Berliner. Früher ein Urwald, ist er inzwischen vor allem von Kiefern bewachsen – und schrumpft: Seit der Reichsgründung rücken die Siedlungen näher. Eine Seenkette markiert die Abflussrinne des abschmelzenden Gletschers der letzten Eiszeit, zwei Erhöhungen laden zum Rundblick: der 97 Meter hohe Havelberg im Süden und der 78,5 Meter hohe Karlsberg mit dem Kaiser-Wilhelm-Turm.

Wir spazieren in nordöstlicher Richtung durch den Wald, bis wir die Bahnlinie der Hamburger Bahn kreuzen und an der Heerstraße Westend erreichen, eine weitere Villenkolonie rund um den Großraum Berlin. Nun ist zu entscheiden, ob es rechts zum näher gelegenen Reichskanzlerplatz gehen soll, der zwar noch kaum bebaut ist, aber bereits einen Bahnhof der Untergrundbahn besitzt, die uns nach Charlottenburg oder weiter nach Berlin bringt. Dieses Stück wird auch Wüstenlinie genannt, weil sie unter sandigen Flächen geführt wurde, die ihrer baumäßigen Verwertung noch harren. Etwas länger dauert der Weg bis zum Ringbahnhof Westend, aber er führt durch den schon stärker bebauten, eigentlichen Teil der Villen-Kolonie, die sichtlich verstädtert und ihren ländlichen Charakter einbüßt.

Die Kolonie Westend ist zwei Jahrzehnte älter als Grunewald und gehört inzwischen zu Charlottenburg. Der Name rührt nicht nur von der Lage westlich der Stadt her, sondern erklärtermaßen auch vom gleichnamigen vornehmen Londoner Stadtteil, was anzeigt, dass von Anfang an eine zahlungskräftige Klientel umworben wurde. Man fasste den Bau von Sommerhäusern und Ganzjahresvillen ins Auge, auf 358 Grundstücken unterschiedlicher Größe. Wir passieren die Trabrennbahn, die auch dem Automobilsport schon als Rennstrecke diente. 1909 eröffnet, soll sie bald zu einem „Deutschen Stadion" erweitert werden, das bei den Olympischen Spielen zu Ruhm und Ehre kommen soll, wenn sie 1916 in Berlin ausgetragen werden. Verantwortlich für die Bebauung zeichnet der Architekt Otto March. Die herrschaftlichen Häuser der Villenkolonie sind einerseits vergleichbar mit denen in Grunewald, zum anderen geht es hier irgendwie strenger zu, nennen wir es britisch-steif. Das liegt auch am streng geometrischen Straßenraster, was es uns aber erleichtert, ohne Verwirrung nach Norden vorzudringen. Trotzdem wirkt das Ganze nicht wie aus einem Guss – über Stilmixturen, architektonische Geschmacksverirrungen und lächerliches Protzgehabe ist hier und da geschrieben worden. Mehr als in Grunewald bricht hier das Wilhelminisch-Angeberische immer wieder durch, was scharfe Kritiker als wilhelminische Protzsucht verteufeln.

Wir nehmen die Eschenallee – auch die nach Baumarten benannten Straßen sollen wohl ihre rechtwinklige Anordnung vergessen machen – sie wachsen hier aber auch tatsächlich. Rechter Hand geht es alsbald zum Branitzer Platz, dem Herzen der einstigen Kolonie. Er ähnelt eher einem englischen Landschaftspark und liegt im Zentrum einer geruhsamen Gegend, die ihre ruhigste Zeit aber wohl hinter sich hat. Aber solange es noch beschaulich ist, folgen wir weiter der Eschenallee vorbei an der Baustelle der Gemeindedoppelschule.

Wir erreichen am imposanten Neuen Clubhaus, das der Kolonie ein gesellschaftliches Zentrum geben sollte, die breite Spandauer Chaussee. Hier endete einst eine Linie der Pferdebahn, die die Kolonie mit der Stadt verband. Links stehen die beiden Charlottenburger Wassertürme – wie Berlin musste auch Charlottenburg der Tatsache ins Auge sehen, das eine Großstadt einer leistungsfähigen Stadttechnik bedarf, darunter Trinkwasserver- und Abwasserentsorgung |**5**|. Gegenüber reicht der Blick bis zu den Schornsteinen der Siemenswerke an der Nonnenwiese am anderen Spreeufer. Ein Stück weiter links, stellvertretend für die hier noch immer zahlreich bestehenden Ausflugsgaststätten, ist die Schankwirtschaft „Bock" Spandauer Berg-Brauerei, zu der man auch aus Berlin anreist. Sechstausend Biergarten-Plätze sind an schönen Sommertagen wahrlich nicht genug!

Wir wenden uns nach rechts, auf der anderen Straßenseite ist das Areal des Städtischen Krankenhauses Charlottenburg, das die Stadt angesichts rapide steigender Einwohnerzahlen 1904 erhielt. Es wurde bereits erweitert und soll in den nächsten Jahren abermals vergrößert werden. Die Unterbringung der Patienten ist überaus modern: nicht mehr in riesigen Sälen, sondern nach dem modernen Pavillonsystem in Krankenzimmern – in drei Klassen aufgeteilt. Die Säle wurden als ungesund erkannt. Für die Grundstückswahl hier war außerdem die gute Westluft ein Argument,

Nach modernsten Erkenntnissen gebaut, um Patienten gesund zu machen: Das Städtische Krankenhaus Westend kostete 6 Millionen Reichsmark.

die über die Anhöhe weht. Kranke sollen nicht mehr nur verwahrt, sondern gesund gemacht werden – diesen Anspruch ließ man sich 6,2 Millionen Reichsmark kosten. Die Behandlung ist für Charlottenburger übrigens billiger als für Auswärtige. Wir passieren Schloss Ruhwald, einst das Domizil des nobilitierten Neureichen Louis Schäfer, das heute als Nervenheilanstalt genutzt wird, sowie den hübsch runden Blumenpavillon, der anstelle einer zu klein gewordenen Fachwerkkapelle errichtet wurde, und erreichen den Bahnhof. Mit der Ringbahn geht es wahlweise nördlich oder südlich um Charlottenburg oder Berlin herum oder auch zum ungleich quirligeren Potsdamer Platz.

IM TEMPO DER METROPOLE

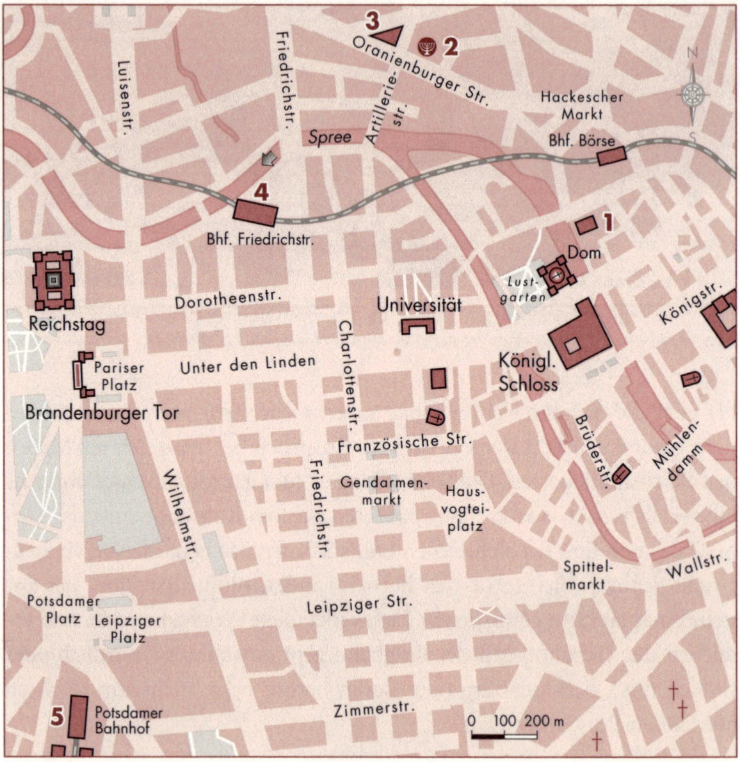

Unser Gang beginnt am Hackeschen Markt, wo wir auf Lärm und Betriebsamkeit der Großstadt horchen. Hier staut sich der Verkehr, die Elektrische bimmelt, Pferde wiehern ungeduldig, Kutscher fluchen. Ein Bierkutscher blockiert den Fahrdamm, weil er Fässer entlädt, die mit einigem Getöse an uns vorbeigerollt werden. Auf älteren Abbildungen zeigt sich der Hackesche Markt meist als geruhsamer Platz mit geordneten Verhältnissen. Heute brüllen uns die Reklametafeln an den Hausfassaden an, stockwerkweise übereinandergestapelt. Die aus allen Seiten einfahrende Straßenbahn kreischt in den Schienen, auf der Stadtbahn pfeifen die Lokomotiven. Menschliche Stimmen machen nur einen kleinen Teil der Geräuschkulisse aus, übertönt von Maschinen. Am lautesten quäken die Hupsignale der Automobilisten. Unübersehbar, wie dicht an dicht hier gewohnt und gelebt wird, wie sich Geschäft an Geschäft reiht. Man sieht sofort die Tatsache illustriert, dass Berlin die am dichtesten besiedelte Stadt der Welt ist.

Viele der hier verkehrenden Automobile gehören den Gehrockträgern der nahe gelegenen Börse |**1**| am Spreeufer gegenüber vom Dom, deren Geschäft an der allgemeinen Beschleunigung unserer Zeit keinen geringen Anteil hat. Sie hat sich rasant entwickelt – vor der Reichsgründung besaß der Finanzplatz Berlin allenfalls provinzielle Bedeutung. Seither maß sich die Berliner Börse mit den anderen europäischen Metropolen, inzwischen sogar mit New York. Sie gehört also zu den wichtigsten der Welt und ist unter den deutschen die mit Abstand bedeutendste. Die alte Börse stand am gegenüberliegenden Ufer, wo nunmehr der monumentale Dom aufragt. Die neue, 1859 bis 1863 im Neorenaissancestil errichtet, hat hinter der säulenbewehrten Hauptfassade an der Spree zwei große Säle der Fondsbörse, im Erweiterungsbau an der St.-Wolfgang-Straße liegt der Saal der Producten-Börse. Alles überaus prachtvoll – das Kapital feiert sich und seine Macht.

Schwarze Gehröcke und Zylinder dominieren das Bild vor der Börse.

Modekrankheit Neurasthenie

Berlins Alltagstempo hat in beträchtlichem Maße zugenommen. Der renommierte Nervenarzt Willy Hellpach sprach bereits davon, dass „unsere ganze Kulturepoche den Charakter des Nervösen" angenommen habe. Reichsweit gilt Berlin als die nervöse Metropole schlechthin, vom Fabrik- zum Geistesarbeiter bis hinauf zum Kaiser ergeht der Befund des nervösen Leidens. Vereinfacht gesagt zielt die größte Beanspruchung des modernen Großstadtmenschen nicht mehr auf den Körper, sondern auf die Psyche. Allerlei Beschwerden sind die Folge, die unter dem Befund Neurasthenie zusammengefasst werden. Das kann zu einer hektischen Melancholie ebenso führen wie zu ängstlicher Aggression, jedenfalls zu einer überhöhten Reizbarkeit, und im Großstadtalltag lässt sich die Symptomatik zuhauf ausmachen. Vor allem Telefonistinnen, Schriftsetzer und Fabrikarbeiter gelten als besonders gefährdet. Man leidet an der modernen Großstadt ebenso sehr, wie man sich an ihr labt.

Dort geht es da also stets um sehr viel Geld, und bei den Geschäften kommt es zumeist auch auf Schnelligkeit an. In der Börse wird zudem eifrig telefoniert – der Fernsprecher gilt als ein weiteres Ingredienz der allgemeinen Beschleunigung. An die 200 000 private Telefonanschlüsse gibt es bereits.

Entlang der Oranienburger Straße passieren wir linker Hand Schlosspark Monbijou sowie rechts die Neue Synagoge |2|, beides auf ihre Art Oasen, die der Beschleunigung widersagen. Aber je näher wir der Ecke Artilleriestraße kommen, desto größer wird das Pferdeaufkommen. In Berlin leben Zehntausende Pferde, von denen hier ein kleiner, aber bedeutender Teil sein Zuhause hat: im Kaiserlichen Postfuhramt |3|, neben der Synagoge das prächtigste Gebäude der Straße. Im orientalischen Stil der Synagoge angepasst, ist es der wohl aufwendigste Berliner Behördenbau unserer Zeit.

Der Berliner weiß auf die Frage nach dem nächsten Berliner Postamt zu antworten: „Immer den Pferdeäppeln nach!" Hier am einstigen Heerweg in Richtung Festung Spandau residiert die Post seit rund zwei Jahrhunderten. Das alte Gebäude musste zum Wohl der Pferde aufgegeben werden, denn so übel waren die Haltungs- und Arbeitsbedingungen der Tiere und die hygienischen Zustände, dass sie reihenweise krank wurden.

Der orientalische Anblick der Synagoge gefiel den Berlinern sogleich.

Auch Tiere leiden unter der Beschleunigung. Daneben litten sie unter dem berüchtigt schlechten Straßenpflaster der Stadt. Das neue Gebäude besitzt

Hinter der pompösen Fassade wohnen auch Pferde, die die Berliner Post befördern – in zweistöckigen Ställen.

rückwärtig Stallungen – zweistöckig übereinander, darüber schlafen die Postillone. In den umliegenden Gebäuden verschiedener Postdienststellen dürften an die tausend Pferde untergebracht sein. Das repräsentative Gebäude wurde in zweifarbigem Backstein ausgeführt und korrespondiert mit der Architektur der Synagoge. Beeindruckend ist die gebäudehohe Schalterhalle hinter dem Haupteingang. Auf den Fassaden zu Oranienburger und Artilleriestraße prangen zwischen den Bögen der Erdgeschossfenster Medaillons von historischen Persönlichkeiten, die mit der Geschichte der Post zu tun haben – vom persischen Herrscher Darius I. bis Werner von Siemens. Und auch sonst zitiert der Fassadenschmuck das Postwesen: Putten verrichten postalische Aufgaben.

Die rasante Expansion der Post hat zwei Hauptgründe: zum einen die Reichsgründung und den damit verbundenen Aufschwung vor allem in der Reichshauptstadt, zum anderen die zusätzlichen Aufgaben durch neue Technologien. Denn es geht ja längst nicht mehr nur um Briefe und ihre Beförderung, sondern daneben um Telegraphie, Telefonie, den anschwellenden Paketdienst und die Rohrpost. Allein in Berlin arbeiten an die 30 000 Menschen an der möglichst raschen und zuverlässigen Beförderung von Nachrichten jeglicher Form. Sie verteilen sich auf zahlreiche, zum Teil sehr stattliche Bauten der Reichspost.

Seit einigen Jahrzehnten gehören der Reichspost auch die Grundstücke schräg gegenüber, wo auch das Paketpostamt untergebracht ist. Dreimal täglich, um 8, 12 und 16 Uhr nachmittags, strömt eine lange Karawane Paketkutschen aus deren Hof, um die eingegangenen Sendungen abzuliefern und dabei zunächst die umliegenden Straßen zu verstopfen. Übrigens werden versuchsweise für diese Tätigkeiten bereits Motorfahrzeuge eingesetzt. Seit einigen Jahren sind die von den Berlinern „Suppentriesel" genannten Elektromobile in größerem Umfang recht erfolgreich im Einsatz. Vielleicht haben die armen Pferde ja irgendwann gänzlich ausgedient.

Gerade ist an der Ecke Monbijoustraße ein weiteres großes Postgebäude in Bau, das neue Haupttelegraphenamt. Die Telegraphie nimmt ebenfalls einen rasanten Aufstieg – und der moderne Ferndrucker hat das Tempo noch einmal erhöht, weil er die Laufzeit der Telegramme verkürzt. Hinzu kommt das Rohrpostnetz, das in Berlin seit 1876 besteht und hier im Postfuhramt eine der Druckluftanlagen hat, die für die nötige Geschwindigkeit der Berliner Rohrpostsendungen sorgen. Eine Rohrpost gibt es auch in Frankfurt am Main und in Hamburg, wo aber nicht wie in Berlin jedermann das System nutzen kann. Es hat sich als sehr leistungsfähig und zuverlässig erwiesen und besteht in der Hauptsache aus einem Radialsystem von 15 bis 30 cm dicken Röhren, die wie in einem Nervensystem und meist nur einen Meter tief unter der Straßendecke die neuralgischen Punkte der Stadt verbinden. Etwa 80 Rohrpostbetriebsstellen sorgen für einen reibungslosen Verkehr auf bald 150 Kilometer, und der Ausbau geht weiter. Das Herz liegt im Haupttelegraphenamt, das in der Französischen Straße untergebracht ist. Technisch funktioniert die Rohrpost durch Druckluft, die durch Gebläseapparate erzeugt wird, die in verschiedenen Stationen mittels Dampfmaschinenkraft angetrieben werden: Erhöhter Druck durch Komprimieren der Luft lässt die etwa handlangen Briefkapseln aus Aluminium und Leder in hoher Geschwindigkeit durch die Röhren an den gewünschten Ort schießen. Durch Unterdruck wird die entgegengesetzte Richtung genommen, die Kapseln werden also gewissermaßen von ihrem Bestimmungsort her angesogen. Die Transportgeschwindigkeit beträgt bis zu 16 Meter pro Sekunde, je kürzer die Distanz, desto höher die Geschwindigkeit. Kleine Züge aus mehreren Briefkapseln werden aneinandergekoppelt und nach einem festen Fahrplan verschickt. An der Empfängerstation steht ein Kurier bereit, der die Sendung, wie gewöhnliche Telegramme, mit dem Fahrrad ausliefert. Natürlich erreicht ein Telegramm seinen Empfänger durch die noch schnellere Übermittlung früher, trotzdem hat die Berliner Rohrpost das innerstädtische Telegrammaufkommen nahezu gegen null gedrückt. Das liegt am Preis: Während für ein Telegramm mindestens 50 Pfennig zu entrichten sind (maximal zehn Worte, jedes weitere kostet fünf Pfennig zusätzlich), kostet eine Rohrpostkarte 25, ein Rohrpostbrief 30 Pfennige. Zum Vergleich: Eine gewöhnliche Postkarte kostet für den innerstädtischen Versand fünf Pfennig.

Weiter geht es zum Oranienburger Tor. Bis 1867 stand an der heutigen Straßenkreuzung von sechs Straßen das Stadttor, an dem es gemächlich zuging, denn die Staatsbediensteten versahen ihren Dienst in aller gebotenen Ruhe. Überhaupt drosselten die vielen Zollgrenzen in Deutschland früher das Tempo – und behinderten die wirtschaftliche Entwicklung. Die Gegend jenseits des Tores wurde aber schon bald Berlins „eiserner Norden“ genannt – sie hat bei der allseitigen Beschleunigung eine nicht zu unterschätzende Rolle gespielt: Noch vor einem guten halben Jahrhundert wurde dort jede zweite preußische Lokomotive hergestellt, bis zu einhundert pro Jahr verließen allein das hiesige Borsig-Werk. Inzwischen befinden sich auf dem früheren Werksgelände in ziemlich enger Bebauung Mietsblöcke, die Borsig-Fabrik wurde weit nach Norden verlegt. Weiter nördlich entlang der Chausseestraße lagen weitere Fabriken, hier waren Fabrikschlote vorherrschend, färbten den Himmel grau und legten Zeugnis ab vom industriellen Aufschwung. So erklärt sich der zweite Spitz-

Borsig fertigt heute in Tegel – die ersten Lokomotiven wurden vor dem Oranienburger Tor hergestellt.

Der Bahnhof Friedrichstraße platzt inzwischen aus allen Nähten und soll in absehbarer Zeit erweitert werden.

name der Berliner für dieses erste Industriegebiet der Stadt: Feuerland. Aus dem Gedächtnis der Stadt sind die hiesigen Produktionsstätten nicht verschwunden, auch lässt sich hier der Impuls verorten, die Stadt selbst zunehmend als Mechanismus zu begreifen, als große Maschine.

Wir wenden uns nach links in Richtung Bahnhof Friedrichstraße. Die Bedeutung der Eisenbahn für die Modernisierung kann kaum überschätzt werden, denn sie ließ Entfernungen schrumpfen und ermöglichte den Menschen eine bis dahin ungekannte Mobilität. Von den unzähligen Menschen, die in Berlin ihr Glück suchen oder auch einfach nur eine verzweifelte Lebenslage abmildern wollen, kommt ein großer Teil hier an, zusammen mit der steigenden Zahl an Touristen und Arbeitern aus den Vororten.

Der Bahnhof gehört zur Berliner Stadtbahn, deren Eröffnung 1882 überfällig war, weil die Kapazitäten der Personenbeförderung im Massenverkehr nicht mehr genügten. Sie fährt quer durch Berlin und Charlottenburg, verbindet mehrere Fernbahnhöfe und bietet über die Ringbahn Verbindungen zu den Kopfbahnhöfen und Vororten. Sie ist somit eine Art ausgedehnter Hauptbahnhof der Stadt, auf der die Züge im Takt von meist nur wenigen Minuten verkehren. Hier hält auch der luxuriöse Nord-Express der Internationalen Schlafwagengesellschaft auf der Strecke zwischen Sankt Petersburg bzw. Moskau und Paris – er verkürzt den Abstand dieser Kontinentalverbindung auf gut 17 Stunden! Der Raum dazwischen wird zur bloßen Distanz degradiert, und Tempo wird zum Qualitätsfaktor erhoben.

Der Bahnhof Friedrichstraße |**4**| ist schon von Weitem sichtbar – mit seiner geschwungenen Halle und der Brücke über der Straße, auf der eine dampfende Lokomotive nie lange auf sich warten lässt. Im nächsten Moment ertönt das gellende Pfeifen, die Lok pustet schwarzen Rauch in den Stadthimmel und setzt sich vernehmlich quietschend in Bewegung. Vor dem Bahnhofsgebäude unter der stets verrauchten Bahnsteighalle warten an allen Seiten Pferde- und Motordroschken, Lastenträger mit und ohne Karren auf ihre Fahrgäste, um sie rasch hier- oder dorthin zu bringen. Der Bahnhof platzt längst aus allen Nähten, innen drängen sich orientierungslose Neuankömmlinge, redliche und unredliche Geschäftemacher, treffen Nah- und Fernreisende ebenso aufeinander wie unterschiedliche Schichten mit den Billetts der verschiedenen Waggonklassen. Man sieht verunsicherte Landeier und flotte Uniformträger, Pelzkrägen und Schirmmützen, Gehrockträger und beleibte Matronen mit voluminösen Hutaufbauten, vor denen jede Waggontür kapituliert, fliegende Händler mit und ohne Lizenz, freche Bengels, die ihre Dienste anbieten, und immer wieder uralt wirkende, ausgemergelte Lastenträger, die längst ein Gnadenbrot verdient hätten. Aus Pommern oder Schlesien, Ost- oder Westpreußen kommen Landmädels, die in die Armee der Berliner Kindermädchen eintreten, Industriearbeiter, die den stets steigenden Bedarf der Fabriken decken, und Studenten, die an der Friedrich-Wilhelms-Universität Unter den Linden die Hörsäle bevölkern werden. Die übergroße Zahl der Ankömmlinge aber kommt aus dem Brandenburgischen und nutzt im Zug die billigste, vierte Preisklasse.

Der Berliner Volksmund weiß, dass ein echter Berliner eigentlich aus Breslau komme. Der Statistiker wiederum weiß zu berechnen, dass von hundert Berliner Dienstmädchen sechsundneunzig außerhalb der Stadtgrenzen geboren wurden. Woher es auch sei, die Menschen drängen nach Berlin, für ein paar Tage oder für immer, und der Bahnhof ist seiner Aufgabe kaum mehr gewachsen. Eine zweite, kleinere Halle zur Spree hin wurde bereits in Planung genommen.

Gegenüber lärmt eine Baustelle genau dort, wo sich vor Kurzem noch eine Zuflucht vorm Großstadtbetrieb bot: Das alte Admiralsgartenbad wird durch einen repräsentativen Neubau ersetzt, der luxuriöse Solbäder, eine Einkaufshalle, Kegelbahnen und Restaurants beherbergen soll und insgesamt ein Vergnügungspalast sein wird – mit imposanter, antikisierender Architektur. Nichts weniger als „das modernste Bad Europas“ will man erklärtermaßen werden. Aber da wir nicht der Ent-, sondern der urbanen Beschleunigung nachspüren, setzen wir unseren Gang fort.

Als würden Menschenmassen, Gedränge und Hektik am Bahnhof und auf der stets betriebsamen Friedrichstraße nicht genügen, verklumpt der Verkehr an der Ecke zum Boulevard Unter den Linden vollends. Diese wichtige Kreuzung wirkt wie ein Nadelöhr. Sie ist die verkehrsreichste Kreuzung des Geschäftszentrums. Dieses Getümmel zerrt an den Nerven, zumal man gut beraten ist, nicht nur für die tierischen Verkehrsteilnehmer mitzudenken. Stets droht ein Haufen Pferdeäppel beim Überqueren des Damms das Schuhwerk zu verschmutzen, immer muss man mit einem unachtsamen Kutscher rechnen, der es besonders eilig hat, aber von einem noch eiligeren Fahrradfahrer heftig klingelnd überholt wird. Also hetzt man sich selbst und trägt damit zur allgemeinen Hektik bei. Kein Wunder, dass hier regelmäßig kein Vorwärtskommen mehr möglich scheint und die Belastungen des Großstadtalltags aus manchem herausbrechen, sodass gehupt, geklingelt, gebrüllt und zuweilen auch gerangelt wird. Gäbe es nicht einen Schutzpolizisten, der auf erhöhtem Postament mit Uniform, Pickelhaube und Trillerpfeife seiner Autorität Geltung verschafft, notfalls auch durch lautes Brüllen verstärkt, käme die Abteilung Kapitalverbrechen des Kommissariats am Alexanderplatz hier vermutlich häufiger zum Einsatz. So aber leistet ein Verkehrspolizist verdiente Präventionsarbeit – und aus gutem Grund ist dies hier eine der ersten Kreuzungen der Stadt, wo ein solcher Posten überhaupt eingerichtet wurde.

Die Automobilisten beanspruchen lautstark hupend und schon wegen der Größe ihres Gefährts und der sozialen Stellung der „Herrenfahrer“, jederzeit Vorfahrt zu genießen. Alle anderen Verkehrsteilnehmer haben davor zurückzustehen, das höchste Tempo beansprucht den ersten Rang. Das aber nehmen Pferdekutscher und Radfahrer, Fußgänger und Reiter nicht widerstandslos hin. Der Schutzpolizist hat auch mit Fahrradfahrern seine liebe Not, deren Zahl stark zunimmt. Sie haben den Vorteil, flink und wendig zu sein, was gern zum eigenen Vorteil ausgenutzt wird.

Wir folgen der Friedrichstraße und können studieren, wie der Berliner in seinem hektischen Großstadtalltag ebenso überhastete kurze Pausen zur Nahrungsaufnahme einlegt. Wie überall in der Stadt sorgt hier Aschinger mit seinen Filialen für ein preiswertes leibliches Wohl fast im Vorbeigehen. Seit einiger Zeit gibt es aber auch Automatenrestaurants, eins an der Ecke Behrenstraße, das wegen seiner modernen Architektur viel Beachtung

Wohltat Automobilismus

Eine halbe Spalte widmet das Meyersche Konversationslexikon von 1909 der „hygienischen" Seite des Motorwagens: Es „bewirkt wie jede mechanische Gymnastik eine regere Tätigkeit des gesamten Organismus, besitzt aber den sonstigen gymnastischen Methoden gegenüber bemerkenswerte Vorzüge. Der Zimmergymnastik gegenüber kommt insbes. der frische Luftstrom in Betracht, der in angenehmer Weise Haut- und Lungentätigkeit anregt und damit eine höchst vorteilhafte Entlastung der innern, mit Blut vielfach übersättigten Organe herbeiführt. Das Fahren im Motorwagen besteht in einem sanften und leichten Dahinschweben, das sich in gleich angenehmer Weise fühlbar macht wie etwa das Kahnfahren auf stillem Wasser."

fand. Modern ist auch die Gastlichkeit, die damit wirbt, rasch, zwanglos, zeitgemäß und ohne Trinkgeld zu einer Mahlzeit zu verhelfen. Der Berliner Unternehmer Max Sielaff, der schon vor 30 Jahren für die Firma Stollwerck den Münzautomaten für Süßwaren entwickelte (von denen es allein in Berlin Tausende gibt), hat die Restaurants mit seiner Firma „Deutsche Automatengesellschaft" gegründet. Ob heiße Suppe oder belegtes Brot, ob Eisbein oder Fassbrause, alles liefert ein Automat nach Münzeinwurf sofort, wenn die Mechanik nicht klemmt.

Wir erreichen den Untergrundbahnhof, wo wir mit dem noch immer recht neuen Verkehrsmittel zwei Stationen bis zum Leipziger Platz zurücklegen. Der Weg auf Straßenniveau katapultiert uns ins Getümmel aller möglichen Verkehrsmittel: Dutzende Linien der Elektrischen fahren dicht an dicht, dazu ein weiteres Mal Omnibusse, Pferdefuhrwerke, Automobile, Motor- und Pferdedroschken, Fahrräder – und jeder versucht auf seine Weise, sich verkehrsmäßig Geltung zu verschaffen. Direkt an den Leipziger Platz grenzt der Potsdamer Platz, und noch immer erinnern zwei Torhäuser daran, dass hier einmal die Stadtgrenze verlief. Die Häuser ringsum scheinen besonders hoch aufzuragen, die Reklameschilder sind hier so groß, dass die Schrift den Betrachter regelrecht erschlägt. Und wer die Ruhe aufbringt, den Strom der Passanten zu mustern, muss erschrecken ob ihrer Menge.

Der Potsdamer Platz ist nicht nur städtischer Verkehrsknoten, sondern auch das Tor in Richtung alter und neuer Westen, also Tiergartenviertel,

Schöneberg oder Charlottenburg – aber ebenso in Richtung Potsdam. Daher strömen nicht wenige der Fußgänger in oder aus Richtung Bahnhof **|5|** auf der Südseite des Platzes. 1838 verließ hier die erste preußische Eisenbahn die Stadt in Richtung Potsdam, damals war das Bahnhofsgebäude ein besserer Pavillon.

Heute verschluckt ein stattlicher Bahnhof die Menschen, die vor allem die Vorortzüge in Richtung Süden und Südwesten erreichen wollen. Wir kämpfen uns durch das Verkehrsgewimmel zum Bahnhof, lassen Lärm und Betriebsamkeit des Bahnhofs auf uns wirken, wagen anschließend aber wieder den Weg zurück zum Untergrundbahnhof. Dort nehmen wir abermals die Bahn zur letzten Station unserer anstrengenden Lektion in Sachen rasende Großstadt, die wir auf rascher Fahrt betrachten müssen: das Gleisdreieck. Für die Untergrundbahn, die hier oberirdisch verkehrt, entsteht hier bald ein Umsteigebahnhof von der Centrumslinie, die wir nehmen, auf die Stammlinie Warschauer Brücke – Reichskanzlerplatz. Richtig positioniert, kann man auf der Fahrt das Wesen der modernen Großstadt mit ihren ebenso hässlichen wie faszinierenden Verkehrsadern studieren: Ganz oben stapeln sich übereinander die beiden Hochbahnhöfe, darunter rattern Personen- und Güterzüge im Vorort- und Fernverkehr vorbei – und ganz unten verkehren dicht an dicht die Lastschiffe, die die Stadt übers Wasser versorgen oder die Güter aufnehmen, die die Fabriken der Stadt täglich ausspucken. Der Landwehrkanal wurde einst zur Entlastung der Spree gebaut, wodurch die Stadt eine Südumfahrung erhielt – längst sind weitere Kanäle hinzugekommen. In den vergangenen Jahrzehnten ist die gesamte städtische Infrastruktur atemberaubend schnell fortentwickelt worden – und es steht zu vermuten, dass ein Ende noch lange nicht in Sicht ist. Selbst der Himmel ist vor Tempomaschinen nicht gefeit – während jetzt noch Zeppeline gemächlich über Berlin schweben, könnten alsbald ungleich schnellere Flugzeuge die Lüfte durchschneiden.

DAS NÄCHTLICHE BERLIN

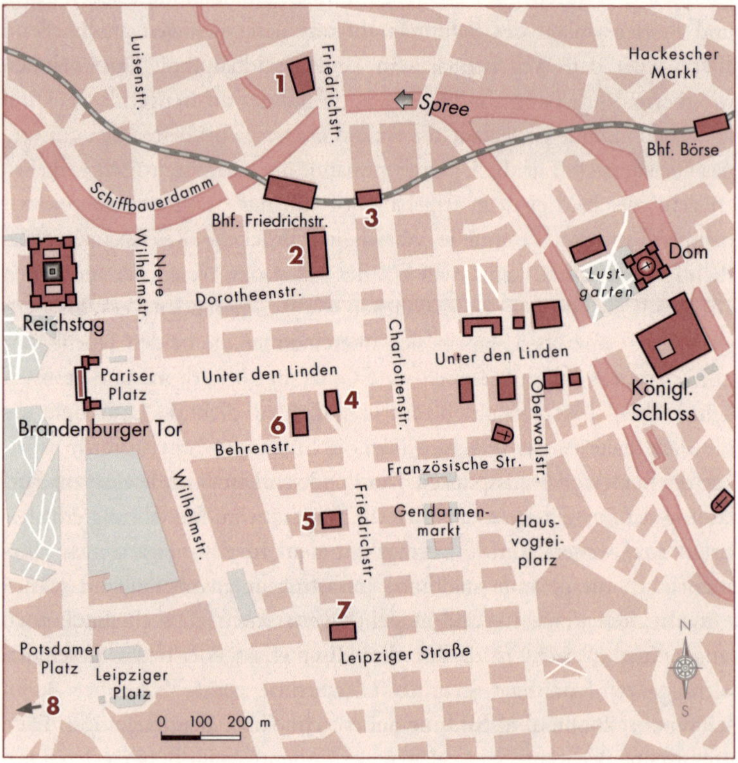

Ausgehen in Berlin – das ist eine so vielseitige Angelegenheit, dass man gezwungen ist, eine Auswahl zu treffen. Auch im Nachtleben bildet sich die Entwicklung Berlins zur Weltstadt ab – man rühmt sich der größten Kneipendichte Deutschlands. Erwähnt sei die Berliner Ur-Gaststätte, die sogenannte Eckkneipe, die an nahezu jeder Straßenecke zu finden ist. Hier trifft sich die Nachbarschaft, aber auch der hungrige oder durstige Passant ist willkommen. Fast immer inhabergeführt, sieht man oft den halbwüchsigen Sohn beim Thekendienst, auf dem Tresen das Heft mit den aktuellen Schulaufgaben. Die Wirtin legt günstigenfalls Wert auf

Für viele Berliner ist die Eckkneipe das verlängerte Wohnzimmer – auch für ganze Familien wie hier.

eine stets makellos weiße, knöchellange Schürze, der Wirt auf mehr oder weniger korrekte Umgangsformen und einen mehr oder weniger sauber gestutzten Bart. Oft steht ein Klavier im Gastraum, für das die Tochter zuständig ist, es sei denn, ein kundiger Student oder verhinderter Musiker erobert die Tasten. Gerne singt und tanzt man gemeinsam, aber ebenso oft regiert auch der Trübsinn, besonders an gewöhnlichen Wochentagsabenden, wenn die letzte Freude vor dem Erschöpfungsschlaf die Molle mit Korn ist - ein Krug Bier mit einem Glas Schnaps dazu.

Heute ist Berlin aber für eine andere Art von Abendvergnügen und Nachtleben berühmt. Ein glanzvoller Abend mit Bohèmecharakter würde eher so aussehen: Theaterbesuch der ernsteren oder leichteren Art bis gegen 23 Uhr, danach Besuch eines Nachtrestaurants, sodann einer Bar und eines Ballsaals, danach geht es in eins der zahlreichen Nachtlokale, wo das Vergnügen sich bis zum frühen Morgen ausdehnt.

Wir beginnen ein weiteres Mal in der Friedrichstraße, die nach Sonnenuntergang zu glitzernder Größe aufläuft. In ihr gerinnt gewissermaßen der Weltstadtstatus Berlins zum mal Schimmernd-Glänzenden, mal Schummrig-Zwielichtigen. Insbesondere zwischen Bahnhof und Leipziger Straße reihen sich Vergnügungstempel und Restaurants, Bierhöhlen und

Edler Schwips

Alfred Kerr, 1895: „Ein furchtbarster Wirrwarr herrscht an den Türen der verschiedenen holländischen Schnapsstuben in der Friedrichstraße. Diese noblen und teuren Destillen, von Erven Lucas Bols und wie sie heißen, sind außen belagert und innen bis an die Wände vollgepfropft von stehenden, gestikulierenden Personen, die sich an die Bar drängen wollen mit Ellenbogenpüffen und Rufen wie bei einer Auktion, und von denen jeder nur den einen Wunsch in seiner Seele fühlt: eine holländische Mischung hinter die kräftige deutsche Brust gleiten zu lassen."

Weinstuben munter aneinander, und einer der Reize besteht im recht gemischten Publikum, das der jeweils passenden Lokalität zustrebt. Naturgemäß liegen entlang der großen Straßen die seriöseren Etablissements, während schmale Seitenstraßen oder -gassen mit den einfacheren bis zweifelhaften aufwarten. Es gibt aber auch vermeintliche Spelunken, in denen der gehobene Gast vor allem deshalb verkehrt, weil er hier den wohligen Schauer des Proletarischen erleben darf – also dafür bezahlt, ein wenig gröber behandelt zu werden, als er es anderswo hinnehmen würde. Stadtweit haben sich zudem in den Bögen des Stadtbahnviadukts zahlreiche Restaurationen angesiedelt. Das Angebot reicht von Bierstuben oder -quellen über Destillen zu Kaffeeklappen, bei Theatern von leichter bis loser Muse, Cafés aller Varianten für jede Gelegenheit und Tages- und Nachtzeit, Weinkeller, Bars, Tanzdielen, Bouillonkeller, Spielklubs, Sektkaschemmen, Nachtrestaurants, Winzer- und Liqueurstuben, Schnapsschänken, Mokkadielen, Kasinos und so fort. Zudem ist die Straße selbst zumal nach Einbruch der Dunkelheit stets eine Bühne – oder Arbeitsplatz von allerlei Gesindel. Hingewiesen sei auf das Hauptübel der nächtlichen Straße, die Prostitution. Männer und Frauen unterschiedlichster Art bieten sich wie Asphaltblumen feil. Die Meile der Lust reicht, auf unserer Route, vom Schiffbauerdamm bis zur Leipziger Straße mit eklatanter Massierung an der Kaiserpassage, und schon deshalb sei nichtprofessionellen Damen von einem Spaziergang ohne männliche Begleitung abgeraten. Die Preise schwanken übrigens nicht nur nach Art der Dienstleistung: Bei Kongressen oder anderen Großveranstaltungen steigen sie, zum Monatsende oder nach zwei Uhr nachts fallen sie – die Nachfrage regelt den Preis. Eigentlich hat die Sittenpolizei für Friedrich- und Leipziger Straße Prostitutionsverbot erteilt, was aber kaum je wirksam wurde; hier ist nach wie vor das größte Aufkommen an Trottoirschwalben und Pupenjungen zu verzeichnen. Das heißt aber nicht, dass die Prostitution nicht auch im Inneren allerleier Etablissements mal mehr, mal weniger offensichtlich blüht.

Eine feste Größe unter den seriösen Abendangeboten ist der Circus Schumann |1| zwischen Schiffbauerdamm und Karlstraße – ursprünglich Berlins erste Markthalle, die aber erst als Vergnügungstempel reüssierte. Hier brachte einst, da war es noch Circus Renz, „der dumme August" Tom Belling die Berliner allabendlich zum Lachen und machte den Begriff sprichwörtlich. Daneben gab es bereits Akrobatiknummern und Tierdressurvorführungen. Albert Schumann gilt als bester Pferdedresseur des Reiches, wovon man sich hier selbst überzeugen kann. Legendär ist das Pferd „Good Night", das sich effektvoll in ein Riesenbett legt. Daneben war das Haus Deutschlands erste überdachte Radrennbahn. Kürzlich wurde modernisiert und technisch optimiert, sodass mit hohem Aufwand effektvolle Schmonzetten aufgeführt werden können, bei denen auch ein lebender Elefant die Bühne nicht zum Einsturz bringt.

Auch Häuser mit geringeren technischen Möglichkeiten finden ihr Publikum, allen voran der „Wintergarten" im Central-Hotel |2| neben dem Bahnhof Friedrichstraße, das vielleicht bekannteste Etablissement der federleichten Muse, auf jeden Fall das vornehmste. Gleichwohl gilt hier wie anderswo: ein bisschen Zirkus, ein bisschen Kabarett, ein bisschen

Exklusiv und elegant

Ernst Friedel schrieb 1882 über das Central-Hotel: „Das Erdgeschoß enthält an den drei Fronten circa 30 Läden, ein Post- und Telegraphenbureau. Helle und luftige Eintrittshallen und Durchfahrten führen auf den Centralhof, welcher 29 Meter breit und 20 Meter tief ist und um den sich die besten Zimmer gruppiren, vor allem die drei großen, reich dekorirten Fest- und Speisesäle. Vorsäle, Damensäle, Lesesalons und Vorflure mit Garderoben und Toiletten schließen sich den Hauptsälen an. Eine Central-Dampfheizung erwärmt sämtliche Räume des Hauses, die auf das Beste ventiliert sind. Badezimmer und elegante Toilettenräume sind in reichlicher Weise angelegt."

Die verruchte Tänzerin Mata Hari – wie überall auf der Welt verdrehte sie auch in Berlin allerhöchsten Kreisen den Kopf.

Gesang – aber das Ambiente ist einstweilen unerreicht. 1907 tanzte hier die Skandaldame Mata Hari, der selbst Mitglieder der kaiserlichen Familie verfallen sein sollen, außerdem Otto Reutter, berühmt wegen seiner humorigen Couplets. Der Wintergarten war einst tatsächlich einer, bis ein ungarischer Theatermann auf die Idee mit dem Varieté kam. Für entrückte

Stimmung sorgt am Abend der vielgerühmte Sternenhimmel, das Wintergartenfirmament. Hier fand übrigens die erste cinematographische Vorstellung der Brüder Skladanowsky statt – mancher verspricht dem neuen Medium große Zukunft, andere halten es für eine Eintagsfliege, die bereits ausgebrummt hat.

Die Gegend am Bahnhof bietet naturgemäß viel Gastronomie, zumal in den Stadtbahnbögen, wo bei steigendem Alkohol- und Geräuschpegel die darüberdonnernden Züge an Bedrohlichkeit verlieren. Der „Franciskaner" |3| links der Straße schenkt nicht nur, wie der Name andeutet, frisches Bier aus, sondern ist auch Weinstube. Das Portal lässt schmunzeln, denn die sachliche Backsteinstruktur des Viadukts kontrastiert doch recht verwegen mit den antikisierenden Säulen nebst Giebelchen und den Butzenfenstern des Lokals. Fast schon traditionell unterhalten bayrische Brauereien Gaststätten in Berlin, als bekannteste locken das älteste hier ansässige Bierhaus „Zum Spaten" oder das fränkische „Tucherhaus" (Ecke Taubenstraße) zum Hellen oder Dunklen, außerdem Mönchsbräu und Pschorr. Hier wird wie in den diversen, klassisch berlinerischen Weißbierstuben an blanken Holztischen gezecht und, wenn überhaupt, sehr einfach gespeist. Das steht mitunter in argem Gegensatz zum Pomp der Ausstattung, was einer Mischung aus derzeit gängiger Großmannssucht der Reichshauptstadt und dem Konkurrenzdruck geschuldet ist. Jede Großbrauerei, die auf sich hält, möchte ein hiesiges Flaggschiff-Etablissement führen. Und natürlich soll ein uriges Aussehen die noch schwankende Kundschaft ins richtige Lokal ziehen.

Auch das Linden-Cabaret |4| in der Kaisergalerie zwischen Lindenboulevard und Behrenstraße kann sich über mangelnden Zulauf nicht beschweren. Spät für einen Provinzler, aber zu üblicher Stunde für den Berliner, tritt hier nachts um halb zwei als „Rosine", also Zugpferd des Programms, Claire Waldoff auf, die stets nur drei Lieder zum Besten gibt, aber gleichwohl die Menge zum Jubeln bringt. Frau Waldoff ist zwar keine gebürtige Berlinerin, hat hier aber ein ausgiebiges Kneipenstudium absolviert und ist nun mühelos in der Lage, im Berliner Dialekt überaus authentisch zu unterhalten. Manche ihrer Lieder werden stadtweit bei jeder passenden oder ungehörigen Gelegenheit nachgesungen – sie sind oft an der Grenze zum Anstößigen.

Eigentlich gibt es auch in Berlin so etwas wie eine Polizeistunde: Mitternacht. Aber mit Sonderkonzessionen darf länger bewirtet werden, und die Mehreinnahmen rechtfertigen die Konzessionsgebühren allemal. Hinzu kommt, dass zwar Schließzeiten zumindest formell festgelegt sind, nicht aber Öffnungszeiten – durch diesen Trick findet sich zu jeder noch so fortgeschrittenen Nachtstunde das passende Lokal, das vielleicht eben erst geöffnet hat und doch schon gut besucht ist. Ortsfremden empfiehlt sich die Anfrage bei einem Droschkenfahrer, der dann allerdings auch die Fahrt dorthin wird bestreiten wollen. Getanzt wird bis maximal 2 Uhr, weshalb die Nachtrestaurants, in denen die Gäste der Balllokale ihr Vergnügen fortsetzen, meist ebenda öffnen. Und wie es der Zufall will, kann fast jedes Balllokal auch mit einem Nachtrestaurant aufwarten, um seine Gäste nicht nach Hause oder, schlimmer noch, zur Konkurrenz schicken zu müssen.

Ausländer bemerken mit Erstaunen, wie beliebt bei den Berlinern das Tanzen ist, derzeit vor allem Polka und Galopp. Es wurde kürzlich sogar eine veritable Tanzepidemie für Berlin diagnostiziert. Attraktiv ist dabei die Möglichkeit, sich auf diesem Wege dem anderen Geschlecht anzunähern. Der Überzahl der Berliner mangelt es nämlich durchaus an der nötigen Galanterie, um die Weiblichkeit zu becircen. Und bei genauerer Beobachtung erweist sich auch tatsächlich, dass Grobschlächtigkeit kaum davon abhält, das Tanzbein zu schwingen. Und dass gerade solche talentlosen Tänzer und Tänzerinnen erkennbar mehr auf das Objekt ihres Interesses achten als auf die Eleganz ihrer Tanzschritte. Je nach Lage und Publikum geht es dabei mal steif und gediegen, gern aber auch spritzig und deftig zu – Letzteres naturgemäß in den Arbeiterwohngegenden, aber auch in der Nähe der vielen Kasernen oder der Universität. Gerade bei den Industriearbeitern spürt man förmlich das Bedürfnis, die monotone Fabrikarbeit und die drückende Alltagslast eines schmalen Budgets wenigstens für ein paar ausgelassene Stunden abzuschütteln. Allerdings kann es auch mal hässlich werden, wenn dem Alkohol gar zu sorglos zugesprochen wurde und Rabauken über Nichtigkeiten in Rage geraten.

Ein vermutlich dem Untergang geweihtes, weil so gar nicht mondänes Lokal führt „Tante Brünsch“ |**5**|, eigentlich eine gewöhnliche Parterremietswohnung in der Jägerstraße, nicht weit von der Friedrichstraße entfernt. Hier wird mit hörbar einfachen Instrumenten musiziert, Tapeten und Mobiliar sind bestenfalls verblichen, schäbig die Garderobe der meist jungen Gäste. Es ist ein hartnäckiger Rest der Zeit, als man hier noch nicht von prunkvollen Bankhäusern und stattlichen Geschäftsbauten umzingelt war, als Berlin auch hier noch mehr Wert auf Gemütlichkeit legte. Je nach Einschätzung gediegener oder protziger geht es in den Ballsälen zu, ob Amorsäle, Arkadia oder Moulin rouge, wo mitunter überteuerten Sekt zu trinken gezwungen ist, wer von der Kellnerschaft zuvorkommend behandelt werden will.

Abermals gepflegter tanzt es sich in den großen Hotels, die allesamt Tanzvergnügen anbieten, eigentlich nur mit Ausnahme des Bristol Unter den Linden. Empfehlenswert ist auch das „Palais de Danse" im Metropolpalast |6| in der Behrenstraße, wo die Besucher im Rokokoambiente das Gefühl erhalten, fürstlich zu feiern – oder eher fürstäbtlich, denn der Ballsaal mit seinen 400 Quadratmetern Tanzfläche hat die Würzburger Residenz zum gestalterischen Vorbild. Passend dazu sind die Kellner in kurze Beinkleider und Escarpins gewandet. Entschieden steifer und sowieso tanzlos geht es im Borchardts in der Französischen Straße zu, denn das Weinlokal wird vor allem von Adeligen und der Hochfinanz frequentiert, die es vermutlich eben wegen der Strenge und der Abwesenheit von Tafelmusik ebenso schätzten wie wegen der exquisiten Küche.

Ebenfalls gediegen ist das Café Imperator in der Friedrichstraße, ein Musikcafé, in dem das Musikalische noch ernst genommen wird, oder das Kronencafé, wo schon mal Opernarien geschmettert werden. Auch das Café Kerkau an der Ecke Behrenstraße bietet Zerstreuung: Für die Damen gibt es einen eigenen Salon im ersten Stock, für die Herren ein Billardzimmer – und im Tanzssaal Mister Meschugge, wie der Kapellmeister wegen seiner exzentrischen Einlassungen in Berlin genannt wird. Es ist vor allem ein Lokal der Angestellten, die in den vielen Geschäfts- und Kontorhäusern der Umgebung arbeiten.

Eine weitere Institution ist das Kempinski, dessen Name wie kein zweiter für Berliner Gastlichkeit steht. Es wurde 1862 in Breslau gegründet und eröffnete in Berlin in den frühen 1870er-Jahren mit einem kleinen Weingeschäft mit Ausschank in der Friedrichstraße, Ecke Taubenstraße. Anfangs war die Restauration durchaus bescheiden, aber aus Soleiern und Schrippen auf der Theke wurde nach und nach ein reichhaltigeres gastronomisches Angebot, das schließlich auch Austern, Hummer und Kaviar umfasste. 1889 wurde in der Leipziger Straße 25 ein größeres und vor allem eigenes Haus eingeweiht |7|. Vor wenigen Jahren erweiterte man das bis zur Krausenstraße und baute bei laufendem Betrieb um. Die moderne Jugendstilfassade, ein stattlicher Kontrast zu den benachbarten, nüchternen Geschäftshäusern, wird ebenso gerühmt wie die Bewirtung – bis zu 250 Köche sorgen im Schichtbetrieb für das leibliche Wohl der Gäste. Mit einer Million Flaschen rühmt man sich des größten Weinkellers der Stadt. Die je unterschiedlichen, stets geschmackvollen Interieurs der Säle können sich sehen lassen, dabei sind die Preise überaus zivil – Kempinski leistet damit einen wichtigen Beitrag zur kulinarischen Erziehung der Berliner, die ansonsten eher Buletten und Würstchen zusprechen.

Zweieinhalbtausend Gäste können gleichzeitig bewirtet werden, und trotzdem hängt nicht selten das Schild „wegen Überfüllung geschlossen" am Eingang. Manchmal werden im Tagesverlauf zehntausend Gäste bewirtet! Entsprechend groß ist der Bedarf – allein die Zahl der begehrten Austern erreicht pro Saisontag schon mal die zwanzigtausend.

Ob aber die Friedrichstraße ihren Status als wichtigste Vergnügungsmeile auf längere Sicht wird halten können, darf durchaus bezweifelt werden. Dafür tut sich grundsätzlich zu viel in der Stadt, aber eben auch auf dem Vergnügungssektor, namentlich im „neuen" Westen, der dem alten Berlin den Rang abzulaufen droht. Das Tor dorthin ist sowohl verkehrsmäßig als auch in Sachen Nachtleben der Potsdamer Platz, hinter dem der Alte Westen beginnt.

Dort fallen bei abendlicher Lichterstimmung zunächst die großen, prächtigen Hotelbauten ins Auge, darunter neben einem der beiden Schinkel'schen Torhäuser das Hotel Fürstenhof des Aschinger-Konzerns, das vor Kurzem einen Neubau erhielt und nunmehr drei stolze Ecktürme trägt. Neben 300 Gästezimmern bietet es eine einfache Bierquelle von Aschinger, ein vornehmeres Restaurant, aber auch ein Café. Das erste Café am Platze aber ist das Josty, einstmals Ausflugslokal, als es noch vor den Toren der Stadt lag. Heute eignet es sich wie kaum ein zweites, das Großmacht-Weltstadt-Treiben zu beobachten, auf das die Berliner so stolz sind. Das ist hier ein beliebter Zeitvertreib, weswegen vor allem Fremde und Vorortbewohner die Tische im Außenbereich bevölkern, allerdings eher tagsüber. Eine weitere Größe ist bislang leider nur geplant, aber der Abriss von fünf Wohnhäusern dafür an der Ecke Königgrätzer Straße ist bereits im Gange: Das Café Piccadilly hat der Architekt des nahen Anhalter Bahnhofs als mächtigen Rundbau geplant. Bereits fertig ist auf der anderen Seite des Potsdamer Bahnhofes ein mächtiger Bierpalast, das Siechen-Haus, ironisch benannt nach dem umtriebigen Gastwirt Dr. Carl Siechen. Auch die Weinhandlung Huth plant eine Vergrößerung mit einem Neubau an der Potsdamer Straße.

Nicht weit entfernt am Eingang der exklusiven Bellevuestraße, gleich neben dem Café Josty, ist das prachtvolle Weinhaus Rheingold, das erstaunlich zivile Preise bietet. Es ist das Flaggschiff des Konzerns Aschinger, der sich das fast 5 Millionen Reichsmark kosten ließ: Die Fassade mit großen Jugendstil-Reliefs ist 50 Meter lang und 20 Meter hoch, 14 Säle empfangen den staunenden Gast in Onyx, Mahagoni oder Ebenholz. Die Fachzeitschrift „Deutsche Kunst und Dekoration" rühmte: „Ein Märchen, ein Traum von Pracht und Schönheit tut sich vor uns auf! Eine fast gleichenlose Verschwendung köstlichster Werkstoffe ist doch so völlig in den Dienst edelster Weihekunst getreten, dass aller Prunk nur als selbstverständlicher Dienst an der edelsten Aufgabe erscheint." Auch die überdachte Terrasse ist ungemein großzügig angelegt; im Ganzen 4000 Sitzplätze stehen im Rheingold zur Verfügung, ab 18 Uhr wird hier aufgespielt. Mitunter ist es allerdings ein wenig leer hier und manche Säle geschlossen – das Flaggschiff ist erkennbar zu groß dimensioniert.

Es geht weiter zum Wittenbergplatz in Charlottenburg. An Tauentzienstraße und Kurfürstendamm lässt sich bereits ermessen, wo Berlins Zukunft auch in Sachen Nachtleben liegt: Hier ist alles großzügiger, moderner, glanzvoller als weiter östlich, schon weil die Strukturen, ob baulich oder institutionell, nicht über Jahrhunderte gewachsen, sondern neu sind. Tauentzien und Kurfürstendamm als moderne Großstadtboulevards wollen den ehrwürdig-preußischen Linden den Rang ablaufen – und da das Stadtpublikum dies als gemacht ansieht, geht es hier schon jetzt entsprechend mondän zu.

Zugegeben, der Tauentzien selbst ist nach Geschäftsschluss eher ruhig und macht einen gutbürgerlichen Eindruck, aber es ist die rechte Vorbereitung auf das Kommende. Denn an der Kaiser-Wilhelm-Gedächtniskirche, wo der Tauentzien auf den Auguste-Viktoria-Platz stößt, auf den zugleich Kantstraße, Hardenbergstraße und Kurfürstendamm münden, belebt es sich spürbar. Rundherum liegen zahlreiche Luxusrestaurants, in denen die vornehme Gesellschaft des Westens speist und sich dabei auch ganz gern einmal bewundern lässt.

Den Kurfürstendamm entlang drängen sich schon auf dem kürzeren Stück bis zur Ecke Joachimstaler Straße Cafés, Bars und Tanzlokale. Schon seit vielen Jahren ist ein hiesiges Café stadtweit so bekannt, dass es einen spöttischen Spitznamen erhielt: Café Größenwahn nennen die Berliner das „Café des Westens" |8|, weil die hier mehrheitlich heimischen Künstler hochfahrenden Visionen nachhängen sollen. Es wurde als Erstes hier Anfang der 1890er-Jahre gegründet und hieß zunächst „Kleines Café". Bald mauserte es sich zum wichtigsten Künstlertreffpunkt überhaupt, von einem der Stammgäste auch „Blinkfeuer des Kurfürstendamms" genannt. Was genau die Kulturschaffenden hierhertrieb, ist Gegenstand von Spekulationen – aber dass gutes Bier und vorzügliche Wiener Küche gereicht werden, war der Entwicklung sicher nicht abträglich. Allerdings sind auch zahlreiche abgebrannte Künstlernaturen darunter, deren Zeche mal von anderen, mal gar nicht entrichtet wird, ohne dass sie deswegen des Lokals verwiesen würden.

Illustre Gäste

Bekannte Gesichter im Café des Westens sind Erich Mühsam, Alfred Döblin, René Schickele, Egon Erwin Kisch, Else Lasker-Schüler und ihr Mann Herwarth Walden, der Berufsbohemien und Gelegenheitszeichner John Höxter, der expressionistische Maler Ludwig Meidner, der Dichterarzt Gottfried Benn, die Brüder Ullstein, Paul Cassirer, Georg Heym, Jacob van Hoddis, Karl Kraus, wann immer er in Berlin weilt, Frank Wedekind, John Heartfield, Tilla Durieux, Joachim Ringelnatz und viele mehr. Kaum minder berühmt ist der „rote Richard", der wegen seiner Haarfarbe so genannte Zeitungskellner des Hauses.

Die am Kurfürstendamm zahlreichen sogenannten Gentlemenbars locken vorzugsweise zahlungskräftige Herren an. In die Kutschera Bar geht man nicht zuletzt wegen des Königs der Barkeeper, Gussy, der weiß, was er seinem Berufsstand schuldig ist – höchste Raffinesse bietet nicht nur das geschmackliche Ergebnis der Cocktails, sondern auch das ästhetische Erlebnis der Fertigung – und die Garderobe der hier vertretenen Snobs. Raffinesse anderer Art bietet das privat geführte Theater des Westens in der Kantstraße am Bahnhof Zoologischer Garten: der prachtvoll-eklektische Bau in einer Architektur irgendwo zwischen Palladio und Jugendstil zeigt Opern sowie Schau- und Lustspiele.

Ganz am Ende der Nacht, wenn im Morgengrauen schon alles zu schließen scheint, beginnen die Tagbars ihr Geschäft. Sie öffnen meist um 6 Uhr. Gnädigerweise lassen ihre dicken Vorhänge außen vor, dass längst ein neuer Tag angebrochen ist – der Anblick fahler Gesichter mit übermüdeten Augen wird durch solche Schummrigkeit abgemildert. Wer die nötige Kondition aufbringt oder seinen toten Punkt längst überwunden hat, kann seine Erfahrungen mit dem Berliner Amüsemang noch unbegrenzt erweitern! Wer aber genug hat, mag den Weg in den Tiergarten nehmen. Oder zum Frühstück den nahe gelegenen Wilmersdorfer See mit seinen Schankgärten aufsuchen, mit der Straßenbahn ist er rasch zu erreichen.

AUSFLUG MIT DAMPFERFAHRT RUND UM DEN WANNSEE

Für Ausflüge bieten sich von Berlin aus zahlreiche bezaubernde Wasserlandschaften an. Wir nehmen die Wannseebahn bis nach Wannsee, ganz im Südwesten auf der Strecke nach Potsdam gelegen. Bei warmem Sommerwetter wird ein Großteil der Ausflügler unseren Zug bereits an der Station Nikolassee verlassen, denn von dort geht es zum Freibad Wannsee. Seit vor einigen Jahren an bestimmten Stellen der Stadt gemischtes Baden erlaubt ist, werden solche „Familienbäder" an heißen Sommertagen regelrecht gestürmt. Diese Badestelle gegenüber der Insel Sandwerder war schon früher beliebt, als sie noch Rohrgarten hieß. Ein breiterer Strand als anderswo bietet reichlich Platz, dahinter ein steiler Hang mit losem Kieferbestand, der allmählich in Wald übergeht. Man fühlt sich schnell an die Ostseeküste erinnert, vor allem beim Anblick der Boote, die auf dem Wasser gondeln. Eigentlich fehlen nur noch die Strandkörbe – und vielleicht höhere Wellen.

Früher war hier ein merkwürdiges Durcheinander von Menschen anzutreffen, die doch alle vom Sommerwetter profitieren wollten: neben Anzugträgern mit Melone halbnackte Männer, deren Frauen wiederum kaum Haut zeigen durften, ganz im Unterschied zu ihren nackten Kindern. Daneben Halbwüchsige und junge Männer, die kaum mehr als ein Taschentuch trugen und sich vor aller Augen sportlich miteinander maßen. Euphorische Befürworter der neuen Freizügigkeit verwiesen auf den „Adel des Körpers", der den einfachen Menschen am ehesten eigen sei. Aber auch junge Frauen zeigen hier mehr Haut als anderswo – alles in allem pflegt man die Körper und das Wohlgefühl mehr als die strengen Sitten, was auch naturverliebte Lebensreformer und Künstler anzog. Die Maler Franz Heckendorf, Lesser Ury und natürlich Walter Leistikow und Max Liebermann haben hier bereits gearbeitet – mitunter gestört oder unterhalten von neugierigen Bengels, die ihnen über die Schulter sahen. Auch Heinrich Zille kam gern hierher, um seine gutmütigen Volksstudien aufs Papier zu bringen. Und dann gab es da noch die gut gekleideten Großbürger, die in einiger Entfernung von den ausgelassenen Badegästen gemessenen Schrittes vorbeiflanieren, mit Stock, großen Hüten und züchtig geschürztem, bodenlangem Rock. Sie ereiferten sich in moralischer Entrüstung über das kulturlose Treiben der einfachen Schichten – und erreichten Änderungen.

Zu Beginn der Badesaison 1907 nämlich wurde die Badestelle sozusagen domestiziert, Baracken und Umkleidezelte wurden errichtet und auf der Länge von einem halben Kilometer verschiedene Zonen eingerichtet. Das allzu freiheitliche Treiben hatte die gestrengen Behörden auf den Plan gerufen. Ein merkwürdiges Bild bot sich, als hier Polizisten in Uniform und Pickelhaube auftauchten, um die unsittlich leicht bekleideten „Wildbader" des Platzes zu verweisen. Jetzt gibt es eine Badeaufsicht und ein Reglement, das unter anderem vorschreibt, sich nur in den Umkleidezelten umzukleiden, das Fotografieren zu unterlassen, das Stullenpapier sachgemäß zu entsorgen und eine Badekleidung nach Vorschrift zu tragen: Männer mit Hose bis zum halben Oberschenkel, Damen von Schulter bis Knie. Dafür geht es hier noch immer bedeutend entspannter zu als an den Sommerstränden von Nord- und Ostsee, wo die Sitten überaus streng sind und Männer und Frauen noch immer zumeist an getrennten Stränden verkehren. An heißen Sommertagen ist man gut beraten, frühzeitig zu erscheinen, denn mehrere Hunderttausend Besucher kommen pro Saison hierher!

Wer einen abwechslungsreichen Ausflug vorzieht, fährt noch eine Station weiter. Wie so viele im Berliner Umland ist der Bahnhof Wannsee im Stil einer Landvilla erbaut, mit steilem Dach, hölzernen Ziergiebeln und einem Türmchen. Wir verlassen den Bahnhof und besichtigen kurz die Dampferanlegestelle mit Blick auf den Großen Wannsee, einer der größten Seen in der Umgebung Berlins. Der Blick geht beeindruckt über funkelnd blaues Wasser, auf dem sich Ausflugsdampfer, Privatjachten, Ruderboote und andere Nussschalen den Platz streitig machen, bis hinüber ans andere Ufer. Wir nehmen zunächst eine der Kutschen, die hier in ausreichender Zahl bereitstehen, um den Ort Wannsee selbst in Augenschein zu nehmen. Mit einigem Glück erwischen wir Pferdedroschke 120, denn sie gehört einem stadtbekannten Faktotum namens Gustav Hartmann, besser bekannt als „eiserner Gustav". Seit vielen Jahren schon ist er hier tätig und kutschiert neben Tagesausflüglern auch betuchte Berliner Sommergäste in ihre Landhäuser am See.

Um 1870 begann in Wannsee, bis dahin nur ein bettelarmes, wenngleich malerisches Fischerdorf namens Stolpe, die Zeit der Villenkolonien,

Sorgloses Badetreiben wie hier im Seebad Wannsee ruft immer wieder sittenstrenge Zeitgenossen auf den Plan.

die der idyllischen Landschaft eine gewisse prächtige Leichtigkeit hinzufügten. An der Chaussee von Berlin nach Potsdam in schönster Natur gelegen, bot sich die Gegend an. Unsere Kutschfahrt führt uns zunächst zu einigen jüngeren Villen rechts des Bahnhofs entlang der Friedrich-Karl-Straße. Sehenswert ist die Villa des Großindustriellen Huldschinksky, der im Winter seine Stadtvilla vor dem Potsdamer Tor bewohnt und im Sommer in der Friedrich-Karl-Straße 19 logiert, mit eigenem Bootshafen, Gartenpavillon und sogar einer Garage mit Tankstelle! Vor einigen Jahren kam eine kleinere Villa für seine Kinder hinzu. Nicht minder beeindruckend ist die des Zementfabrikanten Guthmann, beide am Hochufer über dem See mit ausgezeichnetem Blick gesegnet.

Sodann geht es zur Grabstätte Heinrich von Kleists und Henriette Vogels, umgeben von einem Kranz Pappeln und vor einigen Jahren neu angelegt – sie war arg vernachlässigt worden. Hier nahe der Friedrich-Wilhelm-Brücke wählte das unglückliche Paar an einem kalten, klaren 21. November 1811 bei Sonnenuntergang den Freitod – heute ist Kleist einer der meistgespielten Dramatiker deutscher Sprache.

1870 erbaute Bankier Conrad hier mit der Villa Alsen einen Sommersitz für seine Familie, der nach seiner Idee weitere für stadtmüde Reiche folgen sollten. Anfangs belächelt, ging es rasch voran: 1860 gab es in Stolpe

Vergnügt vorm Selbstmord

Die Wirtin vom „Neuen Krug", wo Heinrich von Kleist und Henriette Vogel vor ihrem Freitod einkehrten, befand das Paar bestens gelaunt: „So zum Beispiel sprang die Mannsperson über die Bretter der Kegelbahn", was die begleitende Dame aber abgelehnt habe. Eine Stunde später waren die beiden tot, Kleist erschoss erst Henriette Vogel, dann sich selbst. „In einer kleinen Grube gegeneinander über sitzend" wurden sie aufgefunden, „in fast kniender Stellung", berichteten Augenzeugen.

64 Wohnhäuser mit 500 Bewohnern – heute sind es 454 Häuser mit 3300 Bewohnern, Dorf und Kolonie wachsen längst zusammen. Hinzu kam die Bahnverbindung aus Berlin, auch als „Bankierszüge" oder „Wahnsinnsbahn" verspottet, und bald auch eine Kirche, gespendet vom Koloniegründer Conrad, und ein Friedhof, auf dem christliche und jüdische Bewohner der Kolonie einträchtig nebeneinander beerdigt werden. Auf der Friedhofsmauer weist ein Steinkreuz, das mit dem Davidstern versehen ist, darauf hin. Zu den Mitgliedern der oberen Zehntausend, die hier mit ihren Familien und den Bediensteten den Sommer verbringen, gehören vor allem Bankiers und Industrielle, aber auch der Verlegersohn Paul Langenscheidt (Colomierstraße), der Chemiker Emil Fischer, der Physiker Arnold von Siemens und der Maler Oscar Begas (Am Kleinen Wannsee 2). Auch mancher Architekt hat sich hier niedergelassen, darunter Walther Kyllmann und Herrmann Ende, beide am Kleinen Wannsee. Weiter geht es zum Park „Schweiz", wo der Flensburger Löwe steht, der aus Patriotismus hier aufgestellt wurde, nachdem 1864 preußische Truppen die dänische Insel Alsen erobert hatten. Nach ihr wurde die Villenkolonie benannt und der Löwe im Park, die Kopie einer in Dänemark erbeuteten Statue, ist ihr Wahrzeichen.

Am Großen Wannsee 40 wohnt der AEG-Vorstand Johann Hamspohn in einer Jugendstilvilla, in Nummer 4 der „Kohlebaron" Eduard Arnhold, drittreichster Mann Berlins und einziger Jude, der ins Preußische Herrenhaus berufen wurde. In Nummer 43-45 die Villa Oppenheim, eine imposante Arbeit des Architekten Alfred Messel aus dem Jahr 1908 mit schönem Rosengarten, Bocciabahn und einem Pinguinbrunnen. Auf einer Baustelle, wo eine weitere Villa entsteht, kann man bereits den Maler

Max Liebermann bei seiner Gartenplanung beobachten, den er sicher malen wird. Zur standesgemäßen Sommerfrische der Reichen in ihren schlossartigen Anwesen gehört auch der Sport – natürlich kaum minder exklusiv. Wir passieren mehrere Segelklubs in nicht minder herrschaftlichen Gebäuden, darunter das eben eingeweihte des sehr exklusiven Vereins „Seglerhaus am Wannsee". Auch das Rudern gilt als standesgemäß, ebenso Polo, seltener Golf.

Wir erreichen den Waldweg, zwischen den Baumstämmen blitzt immer wieder das Blau der Havel hindurch. Letzte Station unserer Kutschfahrt ist die Pfaueninsel, die zweifellos bezauberndste Havelinsel. Ein Fährmann setzt uns über, das ist eine Sache von wenigen Minuten. Auf der Pfaueninsel hatte im 17. Jahrhundert ein berühmter Alchimist sein Labor: Johann Kunckel von Löwenstern. Er experimentierte hier im Auftrag des Großen Kurfürsten Friedrich Wilhelm und erfand das Rubinglas. Reste seines Wirkens sind noch immer zu sehen. Später begann die Karriere des Eilands als Lustinsel der Fürsten, zuerst Ende des 18. Jahrhunderts unter Friedrich Wilhelm II. Die Pfaueninsel erhielt damals ihr romantisches Aussehen, der König ließ ein Lusthaus erbauen, das wie die Ruine einer Festung aussieht, außerdem Meierei und Kastellanhaus. Nach dem Tod des Königs siedelte man Pfauen an, die dem Eiland den Namen gaben. Auch der nächste Friedrich Wilhelm, der dritte, liebte nach anfänglichem Fremdeln die kleine Insel und verbrachte hier glückliche Tage der wenigen Jahre, die ihm mit seiner geliebten Luise vergönnt waren, bevor das napoleonische Unheil über sein Land hereinbrach und die Königin weit vor der Zeit verstarb. Nach ihrem Tod suchte er hier die Einsamkeit und die Erinnerung an die verlorene Gemahlin. Nach Aufgabe der Landwirtschaft, die hier als fürstliche Liebhaberei betrieben wurde, ließ der König den Gartengestalter Lenné die Parkanlagen verändern und gestattete der Öffentlichkeit den Zugang, weitere bauliche Akzente traten hinzu. Der vierte der Friedrich Wilhelms zeigte kein Interesse an der Insel und schenkte sie dem Zoologischen Garten mit der Auflage, hier weiter Pfauen zu halten. Heute unterstehen die Gartenanlagen weiterhin den Hofgärtnern, denn der derzeitige Kaiser nutzt die Kulisse der Insel gelegentlich für seine viel bespöttelten Kostümfeste.

Wir besteigen an der Anlegestelle am landseitigen Ufer einen der reichlich verkehrenden Ausflugsdampfer. Zunächst passieren wir linker Hand, hoch oben über dem Ufer gelegen, das Blockhaus Nikolskoe und die Kirche St. Peter und Paul. Das Blockhaus steht für die engen Verbindungen zwischen den Hohenzollern und dem russischen Herrscherhaus

Die romantische Pfaueninsel war einst den Fürsten vorbehalten, seit rund einem Jahrhundert darf das Volk sich hier ergehen.

Romanow, die immer wieder durch dynastische Ehen bestätigt werden, nicht zuletzt aber auf den gemeinsamen Sieg über den französischen Ursupator Napoleon zurückgehen. Als Friedrich Wilhelm III. 1818 zu seiner mit dem russischen Kronprinzen Nikolaus verheirateten Tochter nach Sankt Petersburg reiste, besuchte man einmal ein Bauernhaus, das in russischer Bauweise aus Holz errichtet worden war. Die russische Kronprinzessin, ganz Tochter der volksnahen Luise, äußerte vergnügt, in einem so einfachen Haus könne man ebenso glücklich sein wie in einem Palast, was den preußischen König dazu anregte, hier an der Havel ein solches Blockhaus zu errichten und das Paar bei seinem nächsten Besuch in Preußen damit zu überraschen. Benannt wurde es nach dem späteren Zaren: Nikolskoe. Bald entwickelte sich ein reger Ausflugsverkehr mit Ausschank. Später äußerte die nunmehrige Zarin, es fehlte an diesem schönen Ort das Glockengeläut. Also wurde vom Schinkelschüler Friedrich August Stüler nahebei auch eine Kirche erbaut. Jede volle Stunde erklingt das Glockenspiel „Üb immer Treu und Redlichkeit". Bald danach passieren wir die einstige Jagdhütte des Prinzen Karl, als Forsthaus Moorlake ein beliebtes Ausflugsziel.

Die Dampferfahrt ist überaus kurzweilig – nicht nur wegen der anmutigen Landschaft mit ihren bewaldeten Ufern, sondern auch aufgrund der

Splendid Isolation

1685 machte Kurfürst Friedrich Wilhelm III. von Brandenburg Johann Kunckel die Pfaueninsel zum Geschenk – er hatte zum fürstlichen Wohlgefallen das Rubinglas erfunden. Die Insel hatte zwei Vorteile: Sie war verschwiegen genug, um den Alchimisten fern aller Neugier in Ruhe experimentieren zu lassen. Auch deshalb durften Kunckels Mitarbeiter die Insel nicht verlassen. Außerdem ging von Kunckels Glashütte einige Brandgefahr aus, das Wasser konnte die Ausbreitung entstehender Brände verhindern. 1689 brannte es tatsächlich, was Kunckel in den Ruin trieb. Der alte Kurfürst war gestorben, der neue entzog dem Wissenschaftler seine Gunst. Die Insel ging zurück an die Hohenzollern.

zahlreichen architektonischen Sehenswürdigkeiten. Kaum kann man sich an den stets neuen Perspektiven sattsehen, die die Natur bietet, schon rückt ein weiterer wertvoller Kulturbau ins Blickfeld, nunmehr die Heilandskirche Sacrow. Sie steht am westlichen Havelufer, erbaut zwischen 1841 und 1844 in königlichem Auftrag vom Architekten Ludwig Persius in Form einer römischen Basilika, umgeben von einem Säulengang. Friedrich Wilhelm wollte hier gewissermaßen einen christlichen Anker werfen, da, wo tagtäglich die Schiffe vorbeiziehen und oft auch Rast machen.

Dahinter öffnet sich die Havel zum Jungfernsee, wo am gegenüberliegenden Ufer die überaus beliebte Ausflugsgaststätte „Meierei“ mit Anlegesteg zur Fahrtunterbrechung lädt. Hier bietet sich neben Imbiss und Fassbrause auch ein Spaziergang durch den Neuen Garten mit Marmorpalais an.

Wieder auf dem Dampfer, geht es an der Kaiserlichen Matrosenstation Kongsns vorbei, wo mit einigem Glück eine kaiserliche Jacht vor Anker liegt und bestaunt werden will. Schräg gegenüber am anderen Ufer erkennen wir die liebliche Anlage des Schlosses Klein-Glienicke, das Karl Friedrich Schinkel nach 1824 für Prinz Karl von Preußen zur klassizistischen Sommerresidenz umgestaltete. Auf dem Hügel nahe der Brücke thront ein tempelartiger Rundbau namens „Große Neugierde“, eigentlich ein Teepavillon mit korinthischen Säulen, auf dem Dach ist eine Nachbildung des Monumentes des Lysikrates in Athen. Im Park sind zahlreiche weitere Lustbauten zu betrachten, darunter die Löwenfontäne. Noch vor wenigen Jahren überspannte hier eine Schinkel'sche Backsteinbrücke das Wasser.

Einen malerischen Blick hat man von Nikolskoe auf die Havellandschaft – aber auch vom Wasser hinauf zur Kirche.

1834 gebaut, besaß sie im Mittelteil eine Klappe, um Schiffe hindurchlassen zu können. Viele beklagen ihren Abriss, denn sie habe der arkadischen Umgebung, den heiteren Bauwerken der hohenzollerschen Sommerfrische viel besser entsprochen als der moderne Neubau, der dem zunehmenden Schiffsverkehr Rechnung trägt. Die neue Stahlbrücke ist mehr als dreimal so breit wie die alte und 128 Meter lang. Sie heißt übrigens Kaiser-Friedrich-Brücke, aber alle Welt nennt sie die Glienicker Brücke. Auf beiden Seiten befinden sich barockisierende Kolonnaden, die sich leitmotivisch durch die Bauten Friedrichs des Großen ziehen.

Nach der Brücke biegen viele der Ausflugsdampfer rechter Hand nach Potsdam ab. Uns muss ein Blick in diese Richtung genügen. Wir erkennen in der Entfernung die majestätische Kuppel der Nikolaikirche am Potsdamer Alten Markt, dem Herzen der kleinen Stadt. Vor allem aber geht der Blick zu einem verspielten Schlösschen am Hang: Schloss Babelsberg, Lieblingsaufenthalt und Sommerresidenz König Wilhelms I. und der Schauplatz wichtiger Gespräche zwischen dem späteren Kaiser und seinem Kanzler Bismarck über die Gründung des Deutschen Reiches und die Frage der zu vergebenden Kaiserwürde. Hier nahm der preußische König die französische Kriegserklärung in Empfang, die Bismarck mit der „Emser Depesche“ so gekonnt provoziert hatte. Ein Teil des Schlosses

Die alte Schinkelbrücke musste dem zunehmenden Verkehr weichen – die neue Verbindung zwischen Berlin und Potsdam kann mehr Verkehr aufnehmen.

ist Besuchern zugänglich, neben diversen Devotionalien bezüglich Kaiser Wilhelms I. und seiner Frau Augusta sind auch Kunstwerke zu besichtigen: altertümliche Möbel, Waffen, Jagdgeräte und Trinkgeschirre. Das Schloss wurde 1835 nach Plänen Schinkels im normannischen Stil erbaut.

Rundherum ist ein idyllischer Park - wir sehen ihn vom Dampfer aus besonders gut. Er wurde von den Gartenbauarchitekten Peter Joseph Lenné und Fürst Hermann von Pückler-Muskau gestaltet, darin befinden sich der Gerhardbrunnen, dessen Figur den Baumeister des ersten Doms, Gerhard von Ruhle, zeigt, aber natürlich auch die unvermeidliche Statue Friedrichs des Großen und ein Siegesdenkmal. Je nach Jahreszeit und Kurs des Kapitäns, der mitunter eine kleine Ehrenrunde zu Ehren des verstorbenen Kaisers dreht, lässt sich der rote Backsteinbau der Berliner Gerichtslaube ausmachen, die einstmals hierher versetzt wurde. Nicht zu sehen die Feldherrenbank mit Bronzebüsten der verdienten Militärs des Krieges gegen Frankreich und, natürlich, der Büste des Fürsten Bismarck gegenüber. Auch eine Siegessäule, ungleich bescheidener als die Berliner, wie sich denken lässt, erinnert hier an preußische Triumphe: Sowohl bei den Befreiungskriegen gegen Napoleon als auch in den drei Einigungskriegen 1864, 1866 und 1870/71. Weithin sichtbar ist der Flatowturm und am Ufer das Maschinenhaus im maurischen Stil. Am anderen Ufer liegt der viel kleinere, aber ebenso sehenswerte Park des Jagdschlosses Glienicke, das sich in Besitz des Prinzen Leopold von Preußen befindet. Es hat eine durchaus wechselvolle Geschichte und geht noch auf die Jagdleidenschaft des Großen Kurfürsten zurück, dessen Sohn es prachtvoll ausbauen ließ, bevor es als Lazarett, Tapetenfabrik und Waisenhaus diente.

Wir nehmen nunmehr Einfahrt in den Teltowkanal, der durch den anschließenden Griebnitzsee führt. Die hohenzollerschen Sommerresidenzen hinter uns lassend, ziehen wir jetzt immer wieder an kleineren, malerischen Anwesen vorbei, deren ausgedehnte Gärten bis ans Ufer reichen. 1904 in Betrieb genommen als längst fällige, nunmehr viel genutzte Südumfahrung des Großraums Berlin und seiner zahlreichen, stets im Wachstum begriffenen Industrieanlagen, führt der Teltowkanal in Richtung Osten durch den gleichnamigen Kreis, über Kleinmachnow, Steglitz und Rudow, bis er bei Grünau die Spree erreicht. 16 Kilometer kürzer ist die Strecke durch den Kanal im Vergleich zur Fahrt über Havel und Spree durch Charlottenburg und Berlin – vom übermäßigen Verkehrsaufkommen dort zu schweigen. Fast 50 Millionen Reichsmark flossen in den Bau, aber dieses Geld war gut angelegt.

Es folgen Stölpchensee, Pohlesee und Kleiner Wannsee, als Abflussrinnen Überbleibsel der letzten Eiszeit. Je näher wir unserem Ziel kommen, desto zahlreicher werden die Villen links und rechts am Ufer, zumeist Sommervillen wohlhabender Berliner Familien. Aber auch Sanatorien wurden hier errichtet, alles stets von liebevoll gepflegten Gärten umgeben. Am Kleinen Wannsee noch einmal das Grab Heinrich von Kleists und Henriette Vogels, das Prinz Friedrich Leopold dem deutschen Volke zum Geschenk gemacht hat. Hier auch das große Gymnasial-Ruderhaus, wo die Jugend sich ertüchtigt. Überhaupt werden die Ruderboote nun wieder zahlreicher, sodass man das Können der Sportler auf ihren Rollsitzen vergleichen kann. Die verschiedenen Klubs unterscheiden ihre Boote an der Farbe ihrer Ruderblätter.

Wir passieren die Wannseebrücke, und sogleich nimmt uns der weite Blick auf den Wannsee wieder in seinen Bann. Begleitende Ruderboote müssen nicht nur darauf achten, nicht in unser Fahrwasser zu geraten, sondern sehen sich hier erstaunlich schwierigen Wellen konfrontiert. Unseren Dampfer ficht das nicht an, sein Kapitän gewährt uns noch einmal einen Blick rundherum, bevor er an der Station Wannsee anlegt und uns aufs Festland entlässt.